名师名校名校长

凝聚名师共识
固态名师关怀
打造名师品牌
培育名师群体

顾明远题

名师名校名校长书系

问渠

"林苒名教师工作室"
中华优秀传统文化教育研究与实践

李银姬　蔡广丽　黄丽娣 / 编著

东北师范大学出版社
长　春

图书在版编目（CIP）数据

问渠："林苒名教师工作室"中华优秀传统文化教育研究与实践 / 李银姬，蔡广丽，黄丽娣编著. — 长春：东北师范大学出版社，2019.4

ISBN 978-7-5681-5645-5

Ⅰ. ①问… Ⅱ. ①李… ②蔡… ③黄… Ⅲ. ①中华文化—教学研究—小学 Ⅳ. ①G623.202

中国版本图书馆CIP数据核字（2019）第063145号

□策划创意：刘　鹏

□责任编辑：吴建宇　刘贝贝　□封面设计：姜　龙

□责任校对：刘彦妮　张小娅　□责任印制：张允豪

东北师范大学出版社出版发行

长春净月经济开发区金宝街 118 号（邮政编码：130117）

电话：0431-84568033

网址：http：//www.nenup.com

北京言之凿文化发展有限公司设计部制版

廊坊市金朗印刷有限公司印装

廊坊市广阳区廊万路 18 号（邮编：065000）

2022年6月第1版　2022年6月第1次印刷

幅面尺寸：170mm × 240mm　印张：11.25　字数：174千

定价：45.00元

序言

PREFACE

反思中国近百年的历史，外国列强用坚船利炮不断迫近，国门被鸦片和武力打开，那时的我们，被迫改变自己。紧接着，一场又一场革命的来临，那时的我们，试图改变自己。这一百多年来，我们似乎一直在不断改变自己。

习近平总书记强调的“培育和弘扬社会主义核心价值观必须立足中华优秀传统文化”照亮了德育工作者的思维之路。牢固的核心价值观，都有其固有的根本，而中华优秀传统文化教育是强基固本的基础工程，是中国人内心的期许，是中国人在世界文化激荡中站稳脚跟的基石。

作为小学教育工作者，我们适时地翻开了《论语》，翻开了《文心雕龙》，翻开了《三字经》，甚至翻开了《颜氏家训》，其中不乏祖先的智慧结晶，富有极强的道德认知导引功能。学生不仅可以在“人之初，性本善”中明白与人为善的道理，还可以在“入则孝，出则悌”中懂得侍奉父母长辈、友爱兄弟姐妹。

这些语言在道德意志培养方面的独特之处正是在尊重本民族语言的基础上，进行多角度的反思透视，使其自觉地与社会伦理规范融合成一个不可分割的整体。中华优秀传统文化的语言是一种初始的、未经加工的、贴近心灵的语言，是中华民族在劳作过程中自然产生的、能让人诗意地栖居在大地上的语言。更重要的是，它们具有自我内化的功能。例如，“天行健，君子以自强不息”的勇气教育，“天生我材必有用”的乐观主义教育，“己所不欲，勿施于人”的人际交往技巧教育，“人无信而不立”的诚信教育，“千磨万击还坚劲，任尔东西南北风”的毅力教育，等等。这样的诗意文字，无论是哪一种形态，都要求人首先能进行自我感化、自我教育，成为一个独立自主、自觉能动的主体。黄克剑在《回归生命化教育》中提出，教育分为三个层次：授受知识、开启智慧、点化或润泽生命。试看孟子的道德言说：“天将降大任于斯人也，必先苦其心志，劳其筋骨，饿其体肤，空乏其身……”这句话蕴含了许多“勇者”的毅力，如激奋的号角促使天下学子勤奋好学，直到今天依然给人们道德鼓舞。这样的文字并未进行过缜密的理性分析和逻辑推论，其感染力仅仅来自孟子的道德人格，却时时警醒人们。它采用比兴、隐喻等形象化手段，充分发挥中华优秀传统文化陶冶道德情操的功能，轻而易举地触动受教育者的心灵，让受教育者在反躬自省中有效地提升自我道德修养。

如今，中华优秀传统文化在宝安不断发展、广纳千流、自我更新，从而汇聚成一条全新河流。在这样积极向上的氛围之下，宝安区“林苒名教师工作室”所有成员致力研究中华优秀传统文化，通过中华优秀传统文化的语言来培养当代学子。他们共同努力，重新诠释这些文明的、和谐的文字并进行创造性的转化，有意识地提升学生的品德修养，加强学生的情感熏陶、审美体验以及对“真善美”的认知。工作室成员在研究中华优秀传统文化的过程中，不仅提升了其自身的精神境界和道德修养，还能把外在的道德要求和学生内在的道德需求结合起来。他们发现这种尊重汉语本质的、符合中国人思维方式的言说方式，更适合习惯于汉语语境的未成年人以及一直接受儒家纲常伦理教育的家长。这些中华优秀传统文化的语言，简单明了地赋予受教育者德行发展的自主性与自为性，让他们直接感悟诗一般的生活和意境。

宝安区“林苒名教师工作室”全体成员共同撰写的《问渠——“林苒名教师工作室”中华优秀传统文化教育研究与实践》一书，试图通过这种自然的、遵循生命发展规律的德育语言，潜移默化地影响受教育者，使受教育者具备积极向上的人格，能够产生并保持乐观的情绪，让他们自发地用健康积极的心态审视自然、社会、个人及同伴之间的关系，心满意足地对过去报以幸福的感谢，对现在致以甜蜜的感恩，对未来充满澎湃的激情，进而影响他们周边的人，引导大家用平等、礼貌、宽容、利他的情怀去营造温馨的家庭氛围，构建和谐的社区关系。工作室成员通过一年的研究，利用中华优秀传统文化中富有人格化与英雄化的象征物，让受教育者能够反躬和类比自身的生活，实现自我教育的目标，促使他们自主超越中华优秀传统文化给定的“对象”，将自我德行的塑造融入道德认知方面。

《问渠——“林苒名教师工作室”中华优秀传统文化教育研究与实践》一书的出版，激励着9位工作室成员在主持人的带领下，进一步发挥中华优秀传统美德中的教化功能，去更新学生观念，建构以学生为本，以建立积极向上的人格为价值导向的富有民族教育特色的教育体系。

希望本书的结集出版，能够成为工作室全体成员开启新篇章的第一步。

林 苒

2018年10月4日

目录

CONTENTS

上篇

渠清如许

中篇

快意读尽

下 篇

趋向鼓舞

上篇

渠清如许

亲其师　信其道

■林　苒

“亲其师，信其道”，这是我国伟大的教育家孔子终生倡导和实践的一条教育教学规律，被记载在《礼记》中。《论语》卷三《雍也》中记载：

伯牛有疾，子问之，自牖执其手，曰：“亡之，命矣夫！斯人也而有斯疾也！斯人也而有斯疾也！”

孔子的学生伯牛生病，孔子亲往探视。他从窗户外面握着伯牛的手说：“丧失了这个人，这是命里注定的吧！这样的人竟会得这样的病啊！这样的人竟会得这样的病啊！”颜渊病亡时，孔子更是痛哭不休。孔子虽有弟子三千，其中贤者七十二人，但他却能一一说出他们每个人的性格、爱好、特长和才能。孔子深受学生的热爱和敬仰，这固然有他严谨的治学态度、渊博的知识、良好的教学方法等方面的原因，但更重要的是孔子从内心喜爱自己的学生。所以，众学生蜂拥而至，纷纷跟着他学习知识、研究学问，从而开创了中国教育史上的新纪元。

其时，音子二年级。她刚开始触摸世界。

当她发现老师在上课时讲了一个错误的知识点时，她开始对自己的老师产生了怀疑。

听到这样的消息，我心下甚慌——学习是成人成才的启蒙，更是通向未来康庄大道的重要关卡，这样的老师能成功引导我的孩子在学海顺利探行吗？我一下抑制不住口舌："呀，这可不是件好事。怎么办？你的老师竟会犯这种知识性错误，你们班的成绩肯定不会好。"她听完眨了眨眼睛。

但我没想到的是，我这番言论竟在她的心中生了根，她不假思索地将我对老师的看法套用成了她自己的观点。

第二天放学回家后，当我与她聊天时，发现她开始挑剔这位老师：不满老师的课堂教学、看不惯老师的言行举止、不认同老师的观点。她总能列举出老师的这般不对那般不好，哀哀怨怨地说个不停。于是我发现：她的重点不再是单纯地投入学习，而是变成对老师无意识地挑刺与抨击。

逐渐地，她的成绩也越来越不尽如人意。她浑然不觉，将错误归咎于那位"误了她"的老师。我看着心里着急，同时也知道自己犯了错误。

这下如何是好？

亲其师，方能信其道呀。我想，喜欢哪门学科，定是从喜欢该学科的老师开始的。于是，我开始在她面前极力地夸赞这位老师：

"音子呀，你们老师这次布置的作业类型很精妙呢！"

"你们老师的这个观点全面，适用于多种情况，你下次套用来试试。"

"我突然发现你们老师的结构板书几乎囊括了所有的知识点！"

……

"其实你们老师很棒，拥有丰富的知识与无尽的才华。"

直到许久之后，我以近乎笃定的语气说出这句话，同时小心翼翼地看着她的眼睛——可千万别反驳啊，你的学习终是要靠这群也许偶尔会犯错但一心为你好的老师。

这一次，她依旧如那时一样，对我眨了眨眼睛，只不过这次，她微笑着点了点头，并说道："嗯！"

这一声浅浅的回应一下子击中我的心房，她毫不设防的信任让我知道了我对于她原来是这般的重要。她将我的一言一行近乎习惯地、尽其所能地自我化用，自顾自地相信着妈妈说的都是对的！

她的小眼睛还是那样闪亮闪亮的，但这次却满含欣喜。我想，那先前如迷雾一样蒙着她双眼的、执念般的偏见一定散去了！

第二年，当得知她换了一位老师后，我与她进行了一次长谈。我讲了许多关于这位老师的小事迹，将这位老师在她的心中镀上一层阳光似的金边，让这位老师的形象在她的心田自主开花。我说："人的知识好比一个圆圈，圈里面是已知的，圈外面是未知的。你们是小圆圈，而老师是个大圆圈。你们所未知的其实就是老师已知的，老师正将他已知的慢慢地转变为你们的已知。"

音子竟然深深地记在了心里。十年之后，她突然告诉我："妈，这个理论其实是古希腊著名哲学家芝诺说的，他的原话是，'人的知识就好比一个圆圈，圆圈里面是已知的，圆圈外面是未知的'。"我惊讶于她的探究能力，更庆幸我在教育她时的清醒。

孔子曾经说过："知之者不如好之者，好之者不如乐之者。"一般来说，学生对老师的感情将会直接影响他对这位老师所教学科的好恶。喜欢老师，就喜欢听老师的课，喜欢这门学科，相应地，这门学科的学习成绩就好。亲近老师，方能亲近知识；正如亲近自然，才能真正地感受到生命的律动。老师和学生的对话将会如同灵魂的交流一般，不存顾虑、有问即问、深入内心。家长教孩子"尊师"，老师教孩子"孝亲"，做到"亲师合作"，将会给孩子营造最好的学习环境、铺设最好的成长道路。

己所不欲 勿施于人

■林 苒

童年的交往

五岁的光阴最难忆起。然而在我的五岁记忆里却沉淀着一句话，它在我成长的过程中一路生根发芽，温暖着我的整个童年时代。

父母因为工作经常出差，于是我被安排到乡下奶奶家住。出身书香世家的奶奶总把我打扮得干干净净，上课有一身专门的衣服，回家后又有另一身居家衣服。心灵手巧的母亲常常托人捎来利用边角料为我缝的美丽的头带，奶奶便把这些头带在我的两个“羊角辫”上扎成蝴蝶结。于是我便成了当时寄养在乡下的一个美丽的城里小公主。

当我有幸坐在乡村小学的教室里成为一名一年级小学生时，我与一个小黑娃坐在了一起。那天，老师教“ɑi”。

“ɑ——i——ɑi。”她说。

老师让我和小黑娃肩并肩站在一起。“ɑ——i——ɑi”，老师把我俩的肩随着声音的节奏慢慢地靠在一起，“挨在一起的ɑi。”最后她说。

这个动作让我对小黑娃产生了一种莫名的好感。他说：“我们做好朋友吧”，我当即决定回家后送他一些东西以表示自己很愿意和他做好朋友。

己所欲，施于人

在那个物质贫乏的年代里，任何一件物品都显得那么珍贵。我在自己少得可怜的玩具箱里翻找着，每一件都爱不释手。最后我找到了一件已经玩了很久，已经不再喜欢的玩具，我把它放在了小布袋里，准备第二天送给小黑娃。长大后的我回想起这件事来真是悔不当初，因为我发现年幼的自己竟然就已经有这种想法：多好呀，我是城里人，我的玩具都标志着“文明、高雅、大气、上档次”，我要是送给他，他该如何的感恩戴德。入睡前我想象着当小黑娃拿到这份礼物时欣喜若狂的表情，美滋滋了一个晚上。

然而第二天，我还没来得及把玩具拿出来，小黑娃便一脸郑重地拿来一本连环画，竟然是我一直想看的《白龙马》。他说：“苒苒，这本书……是我舅舅进城时买的，我，我还没看过，我，我想送给你。”说着，他埋头把崭新的连环画放在了我的手里。我心里急死了，天知道当时书本有多珍贵，我还曾央求奶奶给我在门口的小摊上以一分钱的价格租一本看，奶奶都以“太贵了”为由拒绝了。而现在，小黑娃却把它当作礼物送给了我。

拿着这本薄薄的连环画，我心里沉甸甸的。我说：“你不要了再送我吧……”

黑娃一擦鼻子，豪气地说：“不行，我爷爷说了，己所欲，施于人。只有自己最喜欢的东西才能送给最好的朋友！”

“只有自己最喜欢的东西才能送给最好的朋友！”天知道这句话对我有多大的影响。记忆中，他憨憨地说：“你拿着吧，如果你觉得不好意思，我们可以一起看的。白龙马可厉害了，它驮着红军跑过了草地……”

回家后，我把这件事情告诉了奶奶。奶奶一脸凝重地坐在我面前说：“小黑娃很棒！‘己所欲，施于人’永远比‘己所不欲，勿施于人’更让人喜欢。后一句话最简单直白的意思就是自己不喜欢的、不想要的，不能给别人。他把自己最喜欢的东西给了你，说明他真正地把你当作好朋友，同时也希望你能用同样的心理对待他。”

说着，她轻轻地叹了一口气，说：“孩子，永远记得这句话——己所欲，施于人。”

同理心的培养

美国著名心理学家威廉·詹姆斯在《心理学原理》当中有这么一段表述：

任何一种自营很发达的人，被称为自私。假如一个人随处乱吐痰，我们就说这个自我是“卑鄙”的，假如他所贪求的是社会的自我，要人望和势力，他也许在物质方面会自下于他人，认为是达到他目的之最好手段，他则被认为是无私心的人；假如他所贪求的是“天国”的自我，并且假如他以苦行求之，那么他的自私很可能会被称为“圣洁”的。

作为家长，一般都希望自己的孩子是理想中的“圣洁”之人，希望他们能大方得体大器儒雅。然而，在日常生活当中，因为“卑鄙”作祟，人们总会忘了“己所不欲，勿施于人”的古训。那么，如何让孩子做到无私心的甚至是圣洁的，将是家长应该思考的问题，家长不妨从以下几点入手：

我怎么对待别人，别人就怎么对待我。

想他人理解我，就要首先理解他人。

将心比心，才会被人理解。

别人眼中的自己，才是真正存在的自己。

学会以别人的角度看问题，并据此改进自己在他们眼中的形象。

想成功地与人相处，让别人尊重自己的想法，唯有先改变自己。

真诚坦白的人，才是值得信任的人；而真情流露的人，才能得到真情回报。

让孩子从小树立正确的价值观，长大之后他们才能少些磨难，多些成功。

来说是非者　便是是非人

■林 苒

那一树凤凰花

总记得小时候的剧院宿舍。

一树凤凰花开。

当人走进剧院宿舍大院时，不经意间总有一两朵凤凰花大咧咧地把天空挡住，一副挡住视线要你“留下买路钱”的样子，让人进进出出时视线总要不自觉地移一下。

黑伯在树下扫凤凰花瓣。

凤凰花开得正盛，他扫得正欢。

“别踩了花瓣！”他对每一个进出院子的人说道。

那人说：“你又不是林黛玉，葬什么花呀！”

“葬你个头！”黑伯瞪着眼睛，“踩了花瓣要留痕迹的，我还不是要用清水洗！”

那人索然，东躲西闪、三步两跳地避开了，嘴里嘀咕着：“多么美好的一个行为艺术，硬是让黑老头糟蹋光了。”

黑 伯

黑伯很早就已经老了，似乎从没年轻过。他长在值班室里，窗口便成了一个镜框。他黑色的脸和上半身，在窗口镜框里形成一张黑白分明的照片。他守着一大堆报纸信件，还要负责院子的清洁，包括那几棵凤凰树以及一些不知名的花花草草。他对着来人做凶神恶煞的模样，再说两句就露出白森森的牙齿。

一到夏季，凤凰花就燃烧起来，疯了似的开满了，不让人有丝毫想象的余地，直冲冲地进入人的视野里。黑伯这个时候是最忙的，他不停地扫着掉下来的、飘下来的花瓣，扫了又扫，扫了再扫，扫了还扫。某天，我趴在自家窗台看得不耐烦了，跑下去把树乱摇一气，花瓣飘落，那声音好像竖琴叮咚似的，落花一片片“点染”了黑伯的头发、肩膀、衣服，甚至鞋子。

黑伯呵呵笑着，我嘻嘻哈哈摇着。一个老疯子和一个小疯子。

对于孩子，他怀着一颗宽大的心。

后来，黑伯离开了一段时间，秋天便来了。

红 姨

落木萧萧。我坐在没有脑袋的凤凰树下，盯着地上的枯树影发呆，突然看见了黑伯！黑伯躲躲闪闪地跑着，见到我，没理，闪进值班室，后面竟然跟着一个女子。她站在门口冲着来人傻笑，五官和身子浮肿得像个用气球做成的人，只是眼神呆滞，让人看了有种浑身不舒服的感觉。

第二天，我起床到走廊刷牙洗脸，奶奶在煮早餐，邻居家的红姨也在煮早餐。那时由于宿舍里没有厨房，剧团演员的家属不约而同地把走廊变成了公共的厨房。每逢早上，走廊上走动的都是剧团演员的家属，剧团的演员们还在甜睡中。我刷着牙，牙膏清凉的甜味带着少少的苦涩，我吸了一口气，一阵冰凉直冲鼻子，忙又吸了一口水。

“唉，黑伯那老家伙竟然娶了个老婆，这么大岁数了还有这样的‘艳福’。”旁边洗米的红姨把米捞得沙沙作响。她捞一下，红色的指甲就随着米时隐时现，在水里显得格外红艳。

奶奶忙着炒花生，花生在油锅里滚动着，偶尔由于红姨手里溅出来再滴在锅里的水“啪”地跳动一下。

红姨见奶奶没搭腔，又说：“不过他也只有这么一点‘艳福’了，老婆是个‘癫婆’。”

奶奶手里停了一下，淡然说道，“也没什么，黑伯人心好，他应该得的。”

“话是这么说，但也不能娶个‘癫婆’嘛，占人家便宜。”红姨撇着嘴，等着奶奶的回应。

奶奶把花生装在一个碟子里，没理她。她自顾自地又说开了：“不过这‘癫婆’比阿梅命好，你看阿梅，一副克夫相，怎么能找到老公呢？天天装得妖模妖样的，一看就不是好东西。”她还在洗着水里的米。

奶奶转头，对我骂道：“还不快点，一洗就半天。”奶奶把粥盛好放在饭桌上，饭桌就在我家与红姨家门口共同的通道上。

“吃早餐吗？”奶奶抬头问红姨。

“不用了，我正准备煮呢。”

奶奶也不劝，坐下来拿起碗筷。那边红姨已经把米放了下来，一面甩着手一面说：“如果有多的我就不做了，反正我老公一睡就一个上午。”说着坐了下来，捧起了碗筷。

“你不知道，”红姨嘶嘶地喝了一口粥，夹了粒花生米放在嘴里嘎嘣嘎嘣地嚼着，“阿梅左边下眼皮上有一颗痣，那叫伤夫痣！八成是因为这样，她才嫁不出去。我看了黑伯的‘癫婆’，那才叫有福相呢，你看她胖成那样，屁股又大，好生养呢！”

“‘癫婆’是什么呀？”我一口粥都没喝下去，听呆了。

“快吃，要迟到了！”奶奶淡淡地说。

“‘癫婆’就是傻子，脑子坏了的。”红姨神秘地说。

“她的脑子坏了吗？那她没脑子吗？那她还是她吗？”我又问。

红姨张大嘴巴哈哈地笑着，舌头上满是拌着米粥的花生屑，一头蓬松的短卷发爆炸似的一下子竖起来。

奶 奶

在红姨走后，奶奶严肃地跟我说："永远记得一句话，'不说人短，不思人过'。要知道，来说是非者，便是是非人。说人长短的人，面目不好看。"

奶奶的话有时很短，却总是一针见血。从小家人就从不议论他人，面对这样的流言蜚语，他们总抱着旁观者的态度，不参与、不讨论、不表态。正因为家里形成的这种做人态度，使得"不说人短，不思人过；来说是非者，便是是非人"这句话深入到我的思维深处。

冷眼观物　勿动刚肠

■林　苒

“君子宜净拭冷眼，慎勿轻动刚肠。”当我读到这句话时，想起了我的奶奶。

奶奶出身大家族，诗书传家，至今仍能把“三百千”等蒙学经书倒背如流。记忆中的奶奶，脑袋后面总梳着一个大大的发髻，一旦放下来，油乌油乌的柔发就像缎子一样在风中飘荡着，好似有万种不能言表的似水柔情、欲言又止的娇柔妩媚在她满是沧桑的面颊上拂过。

父亲说，奶奶的乌发曾经养活了家里好几口人。

我沉思，回忆。

记起五岁时跟着奶奶在乡下生活的情景。她每次洗完头，都会用手拢起满地的发丝，卷成一小绺，把它们掖在天井的石墙缝里，满足地跟我说：“把以前的那几绺加起来，明天就可以跟货郎换麦芽糖了。”

我不禁莞尔。

然而父亲却说并不是这么回事。

奶奶在旁边笑着，一言不发。父亲笑呵呵地娓娓道来。

父亲年幼时，家族里因房子归属问题起了争执。爷爷与大伯爷为此争论不休，彼此都有足够的证据证明房子归属权是自己的。然而在那个混乱的年代里，爷爷却因为大伯爷的诬告而锒铛入狱。这一下子，便只剩单薄的奶奶带着五个孩子艰难度日。而奶奶的头发在那个时候起着决定性的作用：一把乌黑的秀发可以养活一家人——她会在头发长长后，一把剪了与货郎换点微薄的生活费。

姑妈在一旁说："唉，那时呀真是苦。我记得小时候，大伯一见到我们几个孩子就冷嘲热讽，还大声地冲着大伙儿说什么天网恢恢疏而不漏。"说到这儿，七十多岁的姑妈挤眉弄眼地问我："你知道你奶奶怎么回答吗？"我心想，那时多难呀，穷困潦倒之际还被得势小人嘲笑，奶奶心里的苦可想而知。结果没等我回应，姑妈便急不可耐地抢先回答："你奶奶呀，冷静地回了一句，本是同根生，相煎何太急。"

姑妈说得眉飞色舞，一说完，全家人欢乐地笑了起来，仿佛这是一件大快人心的事情。

"那既然是诬告，为什么不跟他们争一争呢？"我问奶奶。

小姑姑却笑着说："你奶奶，从小就告诉我们，君子宜净拭冷眼，慎勿轻动刚肠。"

奶奶这时说话了："咱们是个重礼的民族。古人有云：宁让人，勿使人让吾；宁容人，勿使人容吾；宁吃人之亏，勿使人吃吾之亏；宁受人之气，勿使人受吾之气。这是人与动物区别的标志，同时又是区分人格高低的标准。什么样的锁配什么样的锁匙，你大伯爷和我们不是同一个层次的锁，咱们不屑与他争。你瞧瞧，你瞧瞧，到了现在，咱们家比他们家好了不止千万倍。"稍后，她用唱歌一般的语调咏诵起来："君子宜净拭冷眼，慎勿轻动刚肠。"

奶奶的发髻已经不见踪影，那里只有一束小小的辫子，白里透着几丝灰色，倒也亮晶晶的。风一吹，白发翻起来，能看到里面的黑发，恍如一本经久不衰的古书，怎么翻都能翻出几丝新意。

"君子宜净拭冷眼，慎勿轻动刚肠"一句出自《菜根谭注释评析》，意思就是君子应该擦亮眼睛冷静观察，千万不要轻易萌动耿直秉性。言下之意就是：遇事必须先用冷静头脑观察，千万不可基于一时的热情而轻举妄动。因为一个遇事好冲动的人，往往会把事情弄坏，所以说君子应以冷静头脑来担当大事，才不至于有失中正。

奶奶在最困难时能够清醒地认识到这一点，并把这个观念根植于孩子们的心中，以至于这句话潜移默化地成了大家情绪管理的技巧，也是家风的重要部分。

最早对情绪进行心理学研究的是美国心理学家詹姆斯，他和丹麦生理学家兰格分别提出内容相同的一种情绪理论，即著名的“詹姆斯—兰格理论”。他们认为情绪刺激引起身体的生理反应，而生理反应进一步导致情绪体验的产生。此理论首开先河，使人们开始关注情绪与生理之间的交互影响，更使人们高度重视情绪的管理与调节。情绪管理的具体方法有“冷静三思”（美国著名心理学家阿尔伯特·艾利斯的“ABC”情绪管理法），改变思维、调整心态法，注意力转移法，适度宣泄法，自我安慰法，自我暗示法，等等。

当孩子出现相关的情绪困惑时，家长应该这样跟孩子进行亲子沟通并教导他们如何进行情绪管理。

冷静：让孩子冷静下来，争取情绪的缓冲期。

描述：用孩子能理解的语言描述一下当时发生的事情，要以情动情，站在孩子的角度理性分析。

感受：认真地思考一下作为家长的你对这件事情的感受，真实地告诉孩子，表明自己的态度。

探索：分析孩子的情绪，知道他内心的需求，找到他表露出这种情绪的满足感在哪里，寻找事情背后的真相。

解决：帮助孩子找到解决事情的方法，可通过成功励志故事来提升他的能力。

希望：告诉孩子如果能够做到这一点，将是提升自己的机会。告诉他们，“一个站在高峰的人，必须有能够承受烈风与冰雪的能力”。

颜之推：溺爱孩子的下场

■林 苒

齐武成帝子琅邪王，太子母弟也，生而聪慧，帝及后并笃爱之，衣服饮食，与东宫相准。帝每面称之曰：“此黠儿也，当有所成。”及太子即位，王居别宫，礼数优僭，不与诸王等；太后犹谓不足，常以为言。年十许岁，骄恣无节，器服玩好，必拟乘舆；常朝南殿，见典御进新冰，钩盾献早李，还索不得，遂大怒，訽曰：“至尊已有，我何意无？”不知分齐，率皆如此。识者多有叔段、州吁之讥。后嫌宰相，遂矫诏斩之，又惧有救，乃勒麾下军士，防守殿门；既无反心，受劳而罢，后竟坐此幽薨。

颜之推善于利用故事来讲道理，于是有一天，他在书里娓娓道来：“齐武成帝呀，有一个非常让人喜欢的儿子，就是琅邪王高俨，他是太子高纬的同母弟弟。由于他天生聪慧，得到了皇帝与皇后的喜爱，吃穿都与太子没有区别。而皇帝还经常当着他的面称赞他说，这孩子十分聪明，将来必成大器！等到太子即位后，虽然高俨迁出了皇宫，但太后还是按以前的方式对待他。即使是这样，溺爱他的太后还说不够，应该再给他多点。到了高俨十几岁的时候，他变得更加骄横放肆，毫无节制，什么都要与皇帝相比。有一次，他去朝拜皇帝的时候，见到有人向皇帝进献刚从地窖里取出的冰块和李子，就派人去索取。索取不得便大骂说，皇上有的东西，我凭什么没有？之后他非常厌恶宰相和士开，竟然假传圣旨将其杀掉，又担心有人来救，就命令手下的军士守住皇帝所在的宫殿大门。其实他也没有谋反之心，受安抚后就罢了兵，但后来皇帝还是把他抓起来并处死了。”这个故事讲完后，颜之推顺便说了一下共叔段、赵王如意、刘表等人的下场，他认为“有偏宠者，虽欲以厚之，更所以祸之”，希望家长懂得在家庭中的赏与罚。

后来，颜之推又举了一个例子来说明治家严的重要性：梁朝孝元帝的时候，有一位中书舍人，治家没有法度，待家人过于严荷，甚至到了人神共愤的地步。终于有一天，他的妻子与妾侍为了逃脱这个牢笼，与外人勾结，买通了刺客，趁他喝醉酒后将他杀了。治家与治国是同样的道理，均应赏罚有度，不可太过苛责。若治家太过严苛，妻子儿女都会无法忍受。此时亲情薄恩义绝，祸患丛生。然而如果太过溺爱孩子，一切都给了孩子，又将是父母给孩子的最可怕的礼物。

反之，又会怎么样呢？颜之推又讲了一个故事：

王大司马母魏夫人，性甚严正；王在湓城时，为三千人将，年逾四十，少不如意，犹捶挞之，故能成其勋业。梁元帝时，有一学士，聪敏有才，为父所宠，失于教义，一言之是，遍于行路，终年誉之；一行之非，揜藏文饰，冀其自改。年登婚宦，暴慢日滋，竟以言语不择，为周逖抽肠衅鼓云。

大家都称大司马王僧辩的母亲为魏老夫人。这是一位严厉的母亲，品性十分严谨方正。儿子王僧辩在湓城时，就已经是一位年过四十却有着三千士卒的统帅。而魏老夫人并没有因为他是一位高官而放松对他的教育：但凡稍微不称魏老夫人的意，这位老夫人就举起棍棒教训他——而在儒家思想里，有着“小杖则受，大杖则走”的说法。所以，王僧辩因为有老母亲的监督与教导，成就了一番功业。而在梁元帝的时候，有一位聪明有才气的学士，他从小被父亲宠爱着。他若有一句话说得漂亮，当爹的就巴不得能使过往行人都晓得，一年到头都挂在嘴上；但他如果有了闪失，当爹的不但不立刻指出来，还为他百般遮掩粉饰，认为他能够悄悄改掉。因为疏于管教，这位学士成年以后，凶暴傲慢的习气是一天赛过一天，终究因为说话不检点而得罪了周逖，最后落得个肠子被抽出、血被拿去涂抹战鼓的下场。

《论语》里有这样一句话：“爱之，能勿劳乎？忠焉，能勿诲乎？”反过来说，意思就是，你若喜爱一个人，就要教他勤劳，如果忠于他，就要用正道来规劝和教诲他。三国时期著名的政治家诸葛亮给儿子诸葛瞻的《诫子书》中提出了“淫漫则不能励精，险躁则不能冶性”，明确告诉儿子，沉迷懈怠是不能励精求进的，褊狭骄躁是不能锻炼人的性情的。古人教子，总能立身高处，高瞻远瞩地认识到不能溺爱孩子，今天纵容孩子一个小错误，明天他就有可能犯一个大错误。

明朝那些规劝语

■林 苒

明朝明代思想家吕坤《呻吟语》中有以下这样的规劝语。

责人要含蓄，忌太尽；要委婉，忌太直；要疑似，忌太真。

今子弟受父兄之责也，尚有所不堪，而况他人乎？

孔子曰："忠告而善道之，不可则止。"此语不止全交，亦可养气。

他认为，当我们指责他人的时候应该含蓄，切忌把人说得一无是处；要注意委婉地表达出来，不应过于直截了当；语言要含糊，不能过于认真。现在即便是父子兄弟之间的指责，还有不堪忍受的，更何况他人呢？孔子说："忠告应该善于说出来，不适当时就应该立刻停止。"如果每个人都能按照这句话去做，不仅可以保全朋友的交情，也可以培养自己的气质。紧接着，他又说：

卑幼有过，慎其所以责让之者。

对众不责，愧悔不责，暮夜不责，正饮食不责，正欢庆不责，正悲忧不责，疾病不责。

吕坤认为，卑幼的人有过失，在责备的时候应该慎重。因此，他提出了"七不责"。

一、对众不责

孩子有自尊心，这是他们自我尊重和自我爱护的表现，更是他们对自身综合价值的肯定。父母要学会维护孩子的自我价值感，保护他们的自尊心不受伤害。美国机能主义心理学的先驱W·詹姆斯在《心理学原理》（1890）一书中提出了一个自尊的公式：自尊=成功÷抱负。意思是说，自尊取决于成功，还取决于获得的成功对个体的意义，增大成功和减小抱负都可以获得高的自尊。由此我们可以看出，孩子希望通过别人的评价来获得成功感，并在这种成功感中获得自尊，而形成自尊感的要素有安全感、归属感、成就感等，都与个体的外在环境有关。因此，孩子很重视别人的看法，别人以及父母均属于外在环境，如果父母在众人面前批评他们，将使他们的成功感倍减，也会极度地打击他们的自尊心。此时，孩子非但听不下去，反而不赞同父母的做法，并认为受到了极大的羞辱。

二、愧悔不责

当孩子觉得惭愧后悔时，说明他已经知道自己错了，并深深地为自己所犯的错误感到痛苦。父母应该就此停止，不能再继续批评下去，而且要安慰他们。《班级心理学》的作者王鉴在他的《给予比接受更利于成长》一文中，举了一个发生在澳大利亚度假村里的例子：

一位母亲被告之小女儿差一点走丢了，急匆匆地赶来，见到工作人员正满脸歉意地安慰着自己四岁的小女儿。小女儿似乎受了惊吓。原来，小女儿上完网球课后，工作人员一时疏忽把小女儿丢在了网球场。当把小女儿找回来后，非常委屈，一时哭得很伤心。

中国父母可能会有三种反应：第一种是恼火孩子不机敏，第一反应是“为什么别人没走失就你走失了？”这是虎爸狼妈型的。第二种是埋怨工作人员没尽到监护的责任，第一反应是“你们要给我一个说法”，这是过度维权型的。第三种是拼命给孩子擦眼泪，第一反应是“好了不要哭了，没事了”，这是毫无章法型的。而这位母亲却做出以下动作。

蹲下来温和地拉着小女儿的小手说：“已经没事了，这个姐姐因为找不到你而非常紧张，并且十分难过，她不是故意的，现在你去亲亲那个姐姐，安慰她一下。”小女儿很快止住了哭泣，踮着脚尖亲了亲工作人员的脸说：“不要害怕，已经没事了。”

孩子走失，一是因为她没有注意到工作人员的指令，二是因为工作人员的疏忽。上例中的母亲心胸宽大且睿智，她没有在孩子懊悔时批评她，更没有在孩子面前责怪工作人员，反而引导她去帮助那个同样惶恐不安的人，而且获得了成功。这一举动不只能让孩子受伤的心及时得到安抚，更能让她记住本次错误，并从中学习到宽容、友爱和乐于助人的精神，且时刻关注那些温暖的举动。

三、暮夜不责

哲学家J.G.E.马斯对梦的内容有这样的说法（《论激情》，1805）：“经验告诉我们，我们最常梦到自己最强烈情绪的指向之物。所以我们知道，激情必然影响造梦。”每个人都希望自己能够带着轻松的心情入睡，因为人们都认为，人会梦到醒时做的事，以及白天感兴趣的事情，因此轻松入睡是最佳的睡前状态。弗洛伊德认为：“睡眠中如果一个脏器处于活跃、兴奋或紊乱状态，梦中就会出现相应概念，和该脏器的功能性质相对应。”

如果在睡前责骂孩子，孩子将无法安宁而平静地入眠，同时还会影响到他的身心健康。但是也有特殊的情况：胡适的母亲只有在晚上才会责备、教育胡适。因为她认为，家丑不可外扬，不应该在外人面前展露暴躁的一面，这也养成了胡适温文尔雅、知书达理的性格，在世人的心目中留下了谦谦君子的形象。故我认为，“暮夜不责”也是因人而异的，因材施教方是家教正道。

四、正饮食不责

每一位母亲都会重视孩子的饮食习惯，都能清楚地认识到健康的饮食能让孩子身体健康，却不知道健康而均衡的饮食习惯还能让孩子的情绪稳定。很多家长喜欢在餐桌上批评孩子，认为只有在吃饭时才能一家团聚，才能集全家人的力量来纠正孩子的错误行为。实际上，保持心情舒畅，能够让食欲增强，血液循环良好，胃肠的消化功能也会增强，免疫力自然也就增强。反之，如果在吃饭时情绪压抑，将会影响血液的正常循环，消化系统功能降低，免疫力也随之降低，而孩子的情绪也将会受到影响。英国《每日邮报》中有过相应的报道："英国斯旺西大学心理学教授本顿分析了50年来英国儿童的饮食习惯后发现，如果想使性格暴躁或过度活跃的儿童变乖，可以从改变其饮食习惯入手。"因此，父母应该在吃饭时只享受天伦之乐，做餐桌上温暖的家人，不做餐桌上严厉的家长。

五、正欢庆不责

小雨是一位品学兼优的学生，小学六年级毕业时，正是她12岁生日。母亲为了纪念这个特殊的日子，请全家人到海边度假。那是极其开心的一天，全家人聚在一起谈天说地，其乐融融。

那天，母亲给了小雨一个"特殊任务"：她将带上几百元，带领着两个与她年龄相当的堂哥到海边玩海上游戏。由于玩海上游戏容易弄湿衣服，小雨决定不带手机。母亲告诉她：12点前要回到酒店，全家人会一起前往另一个地点吃饭。小雨与两个堂哥兴高采烈地走向了人满为患的海滩。

12点到了，小雨和两个堂哥却没有回来，母亲心急如焚：处在心理断乳期的三个年仅12岁的孩子，会不会发生了不好的事情？12点半了，孩子们依然处在失联状态中。一刹那，母亲的头脑里闪现出各种状况：不小心掉到海里面去了；遇见坏人，钱不够正在挨批；由于好奇心跑到另一个地方去结果迷路了……她踮着脚尖往海滩上张望——她记得女儿穿着大红色的衣服，她试图在人群当中找到女儿，然而人海茫茫，根本无法辨认出女儿的身影。

正当母亲让所有人出去寻找，急得差点报警时，小雨回来了。两个堂哥兴致勃勃地边走边聊天，小雨却垂头丧气地跟在后面。母亲一见，火冒三丈，立刻走到小雨面前，小雨一下子苍白着脸看着她：

"当初咱们的约定是几点？"

"12点……"

"现在呢？"

"1点……"

"你的责任与担当呢？"

“妈妈，我不是故意的。我根本叫不动两个堂哥，12点的时候我还问了海上的工作人员，哥哥们不肯跟我走，我又不敢一个人走，我知道我得带着他们回来……”女儿哭喊着，一脸委屈地看着母亲，“妈妈，我还小，我不知道怎么叫上他们，你怎么可以这样，今天是我的生日……”

母亲心里咯噔一下，心一下子疼了起来，但她认为这正是教导孩子的最佳时机，她不想放弃。于是她狠了狠心接着说教，“今天这件事情告诉你三个道理：第一，做一件事情前要学会策划，要有把控全局的意识。第二，对于解决不了的问题要学会寻求帮助。你应该在12点的时候告诉两个堂哥不能乱跑，然后回来告诉大人，寻求比自己更有能力的人的帮助。第三，要有责任与担当。今天我只批评你而不批评两个堂哥，那是因为整件事情是你在负责，所以你就要担起责任来——这就是领导别人还是被别人领导的区别，领导别人，就要有责任与担当，被别人领导，只需要负责自己。”

“可是妈妈，今天是我的生日……”小雨号啕大哭起来，“我知道你说得很对，但今天是我的生日，我最开心的时候……”她哭得梨花带雨，一副不会原谅母亲的样子。

三年后，小雨提起这件事情，依然觉得母亲不近人情：这是她人生当中最有纪念意义的时刻，却被母亲给破坏了。至于母亲当时说了什么，她几乎没有印象。她只记得那天非常不开心。

欢庆之时一般都是孩子们最快乐的时候，这时候适宜做的是与其同庆。童年时光五光十色，是应该有着美好回忆的流年。故在这种时刻，“责”还是能少则少。

六、正悲忧不责

一如字面的意思，在此不再阐述。

七、疾病不责

一如字面的意思，在此不再阐述。

阳光下的语言

■林 苒

行走在教育的路途上，总有几缕丝丝的淡雅与馨香，轻飘于心灵深处，如同僻野篱笆上的野喇叭花，天真烂漫得如一群孩童，紫色的小裙带飘在秋的画堂东畔，干净透明得让人忘了外在形式。是的，那是一种在教育教学生活当中随处可见的美的存在，是教师与学生之间随着彼此的诘问、交流、期待与牵挂组成的诗意的存在。而这些必须经过沉入教育工作的深层次思考，方能从思维深处蜿蜒而出，离暗出明。

那年我任教六年级。进入教室，一个孩子正对着教室地板上的倒影发呆。经过提醒后他抬起头，梦幻般地说道：老师，您瞧，这窗棂像不像作文纸中的方格子？一言惊醒。其时，春日的阳光盈盈于窗，把窗棂勾现得浓妆淡抹总相宜。多么诗意！那一刹那，我不得不用欣赏的目光看待我的学生——这些小诗人，总能把窗外的青山读成一首诗，用他们独到的眼光，把诗扎在柔软而潮湿的泥土里。而我面对着这一首首纯洁的诗歌，试图成为其中的一片脉络，热情地走入他们的群体。

从此以后，我把孩子们在课堂上的语言当作生命中必需的一种营养品，意欲留待几十年后回头一瞥，便能感觉到：教育使我保留了聆听花开的声音的姿态与心情。正如那节课的情景——

孩子说：您瞧，这窗棂像不像作文纸中的方格子？我觉得真的像方格子，流苏般的阳光用一种不同的方式，把它的语言写在了窗棂里——满窗子都是阳光的语言。这个发现让我回味不已，一整天，我都在想着这几个字：阳光里的语言。后来，同学们七嘴八舌地讨论开来。

一个孩子说："我觉得作文纸上的方格，密密麻麻的像虫子。"

另一个接着说："不对，不对，作文纸里的字才是虫子。"

旁边一人马上激动地说："对对对，它们就像一条条啃过文字的虫子，被我们放在了作文纸上！"

我目瞪口呆，情不自禁地说："你们都是小诗人呀，说出了这么多富有诗意的语言。"同学们马上讨好地说："老师才是诗人呢。"

我灵机一动，不如引导他们就此写一首诗。语随心动，便顺着孩子们的思绪问道："你怎么会觉得老师像诗人的？"一个孩子说："您常用温暖的语言跟我们交流，就像一只虫子在咬着我们的思维，让我们灵光一闪。"我感动不已！这些诗意的语言，天底下最干净的语言也莫过于此。他们天生就是一个小诗人！这么一想，我便引导他们就此写出一首诗——《虫子》：

那天上课，我们发现
阳光像虫子
它们啃过窗棂，啃过我们的脸孔
后来，我们觉得文字也像虫子
啃过书页，啃过我们的手指头
当老师与我们交流
我们发现，老师的语言
更像一条条书虫
把遮挡眼界的纸咬出一个个窟窿
也就咬出一个个望向世界的窗口

因为这首诗，我把孩子们在课堂里所说的语言，称为"花开的声音"，它们犹如白莲一般圣明并且纤尘不染，是孩子们成长过程中最自然的存在。你若不留心，它便随风飘去，你若能听到这种"花开的声音"，便能达到"立德树人"的教育意境了。正如欧阳修先生所说："醉翁之意不在酒，在乎山水之间也。”作为一名教师，教育之意不在名与利，而在于发现学生的美丽心灵。剔除繁文缛节去欣赏学生，你便会发现，课堂里随处都能听到孩子们的语言，即使是一些无用的语言，那也是诗意盎然、阳光向上的。而这些语言是否能完成教学任务已经不重要了，重要的是，我们不应该只局限于教学任务而忽视了这种语言之美！是呀，难道这些诗意的语言，就只是为了回答老师的问题，或者是孩子们一些喃喃自语的无用语言吗？然而欧阳修先生紧跟着说：“山水之乐，得之心而寓之酒也。”这些诗歌轻描淡写，犹如一滴清露，“叮咚”一下，正中下怀：老前辈因得之心而寓之酒，而教育者则因立德于心而淡泊名利——孩子们在课堂上的语言，或许不是可以完成本课教学任务的语言，更不是为了揣摩老师意图而说的语言。他们只是生性如此，能随心而动，脱口而出，美丽真实，诗趣盎然。若借欧阳修先生的话，教育者就要做到“教育之乐，得之心而寓之教也。”

聆听和收集这些语言，是每一位教育工作者的任务，因为每一位真诚的园丁，都能听到每朵花盛开的声音。这是一门难能可贵的技巧，要达到这种境界、收获这种技巧并不难，只要怀揣一颗“立德树人，立教圆梦”的初心，增强“不经意处能经意，不自觉时能自觉”的自我内化功能。这需要教育者的细心观察与独到的眼光，用一支“化腐朽为神奇”的笔，把孩子们充满稚气却不失诗意的语言收集起来，剔除无须的枝节，加入适当的绿叶，让它葳蕤成荫。就如同浏览一部小说，在阅读过程中把读者消遣的本意在不经意处过滤，不知不觉地受到作者潜在的影响，于无形中强化品德的修养，情感的熏陶、审美的体验、真善美的认知。每一位温暖的师者，都应该留意孩子们的课堂语言，把它们收集起来，润化、修饰；然后用一颗师者的真心在纷扰世界中，收获孩子们的学心，再一一敲开每个孩子心灵的窗户，让细细的波澜盈满我们沉寂已久的心脏；继而，用一颗真挚的爱心在信息量如此之大的社会中，来收集纤细的语言，牵着孩子们的手，听云起云落的声音，看花开花落的情景，带着他们跨过一道又一道的人生青山；之后，用一颗高贵的雅心来牵动天真的童心，让我们即使是独自站在悬崖峭壁，也能用正确而高雅的审美观来品味这些语言，并被它们深深地感动；最后，就让这种“花开的声音”成为师者生命中不可多得的智慧吧！

“花开的声音”就这样一来一回，在园丁的生命中留下了一首首诗歌。或许，这首名为“花开的声音”的诗歌不能写得太满，七分意境于读诗人，留得三分挂于窗棂上。教育者们再用一把名为“立德树人，立德圆梦”的木梳，一丝一缕地帮助孩子们梳理留在月亮上的纯洁心灵。

“妈妈”的故事

■ 黄淑灵

苏霍姆林斯基说过：“有时宽容引起的道德震撼比惩罚更强烈。”确实，爱能感化心灵，作为一位师者，更应该用无私的爱去感化每一名学生！

那年暑假，我被学校安排前去担任国学堂夏令营智德班的协助班主任。国学堂位于一座深山内，国学班里的孩子来自全国各地，可能一方面是越来越多的人意识到国学经典的好处，另一方面则是想锻炼孩子。报到后，孩子在一个月内终日与经典同行，学习中华礼仪，带去的所有物品除了换洗衣物外，全部交由国学堂暂时保管，家长在此期间不能前来探望或电话联系孩子。

小A也是被父母送来学习的孩子中的一个，不知道是我常在小A所在的智德班里面协助还是她比较喜欢我，在夏令营开始的第四天，我正在伏案工作时，小A突然跑到我身边，拉着我的手毫不羞涩地说：“老师，我想妈妈，我真的好想妈妈，你做我的妈妈，好吗？我只要有了妈妈，我就不再天天哭了，也不会不读书了。”看着小A渴求的目光，我不禁想起被送去另外一个国学堂里学习经典的儿子，心一下子就被触动了，毫不犹豫地张口答应了这个漂亮机灵的小女孩。

小A走后，国学老师们就告诫我：“这个小孩很精的，伶牙俐齿又狡猾，她去年暑假就是这样，认这个认那个做妈妈，目的就是逃出来不学习，在班级外面游玩，等到发现行不通了，就像不认识你一样的。校长和老师怎么哄她劝她都没用，她就是要在外面瞎逛，否则就大哭大闹地要赖。”我听后一笑而过，自信能扮演好小A的妈妈。接下来的两天里，小A都响亮地叫我妈妈，我心中也为突然多了一个漂亮的女儿而高兴，在空闲之余常去她班上看她，她也一下课就围着我像只快乐的小鸟叽叽喳喳的。就在我享受着“女儿”带给我的快乐时，我慢慢地发现小A有时候上课时间也出来黏着我，要我讲有趣的故事，要我抱抱她……一两次的满足后，我意识到了她的变化，再加上其他老师的提醒，知道小A开始故技重演了，但我从心里喜欢这个“女儿”，想通过自己的努力让她改掉不足。

于是她每次使小计想利用与我的关系在外逗留时，我都耐心开导她，但她根本听不进去，像演戏似的，马上就露出一副可怜兮兮的样子，难过地大哭：“妈妈，我想妈妈，我要回家！”一开始我有些心软，可怜天下父母心，虽然我不是她的亲妈妈，但我也是为人母，况且这是一个才七岁的孩子！但很快我便发现她不是真的伤心难过，完全是在演戏博同情，难怪大家都说这个孩子天生“聪明机灵”！但是一个真正有智慧、有远见的妈妈，是要狠得下心让孩子经受成长的磨炼的，因此当小A再次出现时，我表明立场，并暗示她聪明要用在正确的地方，不要随便利用别人的善良与信任。

之后，小A没再来找我这个“妈妈”，我心里难免有些空落，忍不住去她班上想看看这个“女儿”，但是我叫她时，她却没有回应，当我走到她面前想抱抱她时，她突然用手指着我大叫：“我才不是真的认你做妈妈，我只要我自己的妈妈，我认你做妈妈就是想在你那里玩，不进教室读书而已。”我的心情一下子跌落谷底。

接下来的几天里，小A继续使用这种要赖法“假认亲、博同情”。大家全都当作看不着她，可我心里翻江倒海：毕竟她曾经做了我一个星期的“女儿”，就算是演戏，一天下来也挺累的吧？何况还是一个孩子！而且我不是在教授传统文化的国学堂里做老师吗？没有宽容大爱之心，如何做一位合格的老师？大智者必谦和，大善者必宽容！豁然的我在往后的几天里总是主动跟她问好，或主动找她一起玩玩小游戏，或让她在醒来的时候发现我躺在她身边微笑着……渐渐地，我发现了小A的变化，而她这一次的变化让我及国学堂里的所有人都惊喜：小A慢慢收敛了自己，逐渐变得和其他孩子一样适应了学堂里的学习与生活。是啊，宽容是一把伞，伞下是温情。在国学堂里最让人头疼的孩子，就这样慢慢被宽容融化了，在夏令营结束的毕业典礼上，小A在台上认可了我这个“妈妈”。

是啊！天下无不可化之人，唯恐诚心未到！爱是滋润童心的春雨，爱是打开心灵的钥匙，我们每一位师者都应坚信：只要有爱，就能感化一切。

不完美的生命才能让阳光照射下来

■林 苒

那天放学，读六年级的女儿垂头丧气地跟我说道："妈妈，我这次考试考砸了。我怎么这么笨？为什么总拿不到A？"说完，她的眼泪就掉了下来。

我当时也有些恼火：她怎么如此粗心？错的都是最简单的。这次更离谱，全班都没错的题目，她竟然做错了。

于是我脱口而出："你就是这么笨的了，一点都不争气！"我原以为这种激将法会非常有作用。

谁知她马上号啕大哭，说："对，我就是这么笨的了！"紧接着"啪"的一声关上了房门。

后来，我反思了好久：六年级的学生是青春期初期阶段，这个阶段的孩子会早恋，他们性格反叛、敏感，对一切事物持怀疑态度，却又自我要求高。每遇失败，他们都会陷于自责的情绪，甚至怀疑自己，认为自己一无是处；即使是面对家长，他们也一样会内疚不已。可是，总处在这种情绪当中的他们能健康成长吗？当孩子面对挫折自我责备时，我们不能认为他很懂事甚至默许他们的这种行为。倘若孩子自责过度，就会极大地压抑他的发展和创造性，降低自尊和自信，造成心理不平衡，从而导致孩子自己否定自己。久而久之，为了避免自责，他们会将不犯错误视为第一要事，从而拒绝接触新的东西，拒绝进入更广阔的生活领域。

要帮助孩子卸掉压力，增强对抗挫折的能力，父母就要弄清楚孩子为什么会产生这样的情绪。一般来说，成绩优异的孩子，深受父母老师的喜爱，所以无形之中，他们想做出更大的成绩，让所有人都以自己为骄傲。可是，当他们的目标超过了自身的能力时，就只能吞下失败的苦果。而成绩不理想的孩子会破罐子破摔，在面对大考、压力倍增的时候，更会自暴自弃。这个时候，他们都会认为自己对不起父母和老师的期望，从而产生失望的心理。因此，对于孩子的过度自卑，父母既不能批评，更不能有“我的孩子长大了，知道自己错了”的心态，而是应当以宽慰的胸怀帮助孩子恢复健康正常的心态。

家长如果遇到这样的事情，必须明白：要允许孩子犯错，不犯错的孩子不是孩子，甚至是大人也是在犯错中成长的。因此，家长要学会利用语言疏导来帮助孩子成长。语言疏导就是利用言语的沟通技巧对有需要的对象进行心灵的梳理，帮助他们发泄压力，引导他们改变自我认知，从而提高其行为能力，并达到改善自我的方法。用语言疏导来切中学生心理特征和心理需求的“脉搏”，给予科学合理的心理疏泄和引导，可使学生认识到家长了解自己、关心自己、重视自己。

对于这样的事情，我认为最重要的是帮助孩子们厘清犯错的思路，找到解决的方法。孩子过度自责，关键就在于他们太重视结果，而忽视了过程。家长要让孩子知道：考试成绩的好坏并不重要，重要的是你是否知道过程。然后用平和的语气明确地告诉他以下公式：

正确的过程 = 成功

错误的过程 = 失败

过程 > 结果

过程 = 认真学习 + 复习方法 + 考试心态 + 考试思路

“复习方法”就是指在考试前的查漏补缺；“考试心态”就是在考试时冷静而稳重；“考试思路”就是在考试过程中不胡思乱想，注意力集中，有自己明确的做题思路，做到专心、细心、静心。如果“复习方法”不对，后两者则发挥不出效果；在“复习方法”正确的情况下，后两者能让学生在考试时发挥出超越自我的水平。

六年级的学生多疑而敏感，家长要学会用“冷处理”的方式来对待。孩子在受到挫折时，家长要让他发泄，让他在房间里冷静，让孩子做自我反省，自己也趁这段时间对处理这件事情的思路进行梳理。待孩子与自己的情绪都平静后，给孩子列出以上公式，再以聊天的方式说出下面这段话：

“结果的好坏受到很多因素的影响，而努力的‘过程’却能充分反映你的意志、品质、合作精神、聪明智慧，这些都是优点。所以无论结果如何，你都是成功的，因为你正确复习了考试资料、端正了考试心态，仔细梳理了解题思路，认真对待了每一次考试。考试是一门技巧，学会考试，其实就是在‘过程’当中学会思考，为以后的工作思路打下基础。即使是失败的也没关系，因为你学会了探索自己的内心，学会了思考问题。结果为什么失败呢？这个结果并不重要，要知道，聪明绝顶的诸葛亮，虽没能让蜀国一统江山，但他依然像神一样耸立在中国人的心中。”

后来的一次大考中，女儿再一次因为小失误而失分，但是两次反应却大不相同。她平静地说：“妈，我又考砸了，这次更惨，你瞧，你瞧。”她把试卷拿给我看，“第一、二、三面可漂亮了，干干净净的，全是可爱的小红钩，第四面也挺漂亮的”，等到她的手指一直指到最后一题的时候，她就笑了，说：“唉，我当时都检查了三次了，就是没查出自己把题目的原意给弄错了。”

这一次，她没自责。

两年后，读初中的她跟我说了一段话：“妈妈，谢谢你教会了我如何思考问题，而不是粗暴地批评与责骂。我如今知道了怎么自主学习，如何正确复习，如何对待考试。”

中国著名作家、心理导师毕淑敏说过：“生命要有裂缝，阳光才照得进来。”如果你把错误关在门外，那么，你也把成功关在了门外。拥有健康心态的孩子能轻松地对抗压力，让压力化于无形，不止增强了信心，更能在这种心理疏导法当中学习如何自我管理，自主找到学习的方法和考试的技巧，健康活泼地成长。

大珠小珠落“育”盘

——小事见真情

■ 蔡广丽

教育是一首优美的乐曲——“嘈嘈切切错杂弹，大珠小珠落玉盘”。教育是一项充满激情、充满挑战的事业；教育也是一项闪烁着智慧、真情的事业。我们如果能把身边的每一件小事都“制作”成育人的“珍珠”，然后精心地串成一条人文化的管理“项链”，教育就会变成一项很美的事业。

小事之一：队长事件

欢乐谷之旅，我把同学们分为几个小组，由小组长随时点人数，还让无精打采、不停抱怨的俊同学当队长。我告诉他要打起精神，身为队长任务艰巨，要随时检查人数，不能丢掉任何一个人，还要帮助有困难的同学。随后我惊讶地发现他一整天都在照顾着同学们，还帮助了不少同学，得到了导游和全班同学的赞赏。旅游回来后我大力表扬了他。这次表扬后，我更加惊奇地发现他学习认真了、做事有耐心了，进步非常快。

我的感悟：每一个学生都有自己优秀的一面，他们渴望得到老师的理解和认同，一旦学生的自尊心受到了尊重。道德和良知的潜能得到了开发，就将会对学生的一生产生巨大的影响。人性美一旦在学生的精神生活中确立起来，就会促使他们反思自己的行为，就会唤醒他们改变自己的行为，从而让他们获得自我教育、自我发展、自我提高的机会和空间。

小事之二：劳动委员事件

我们班有个很聪明的小男孩，他十分喜欢玩，但家里父母对他要求很严格，因此他总会利用扫地的时间偷偷溜出去玩。为此我认真地跟他进行了一番谈话，告诉他：作为男子汉要学会负责任，不能光想着玩，老师让你来做班级劳动委员，负责班级卫生，指挥并帮助同学们又快又好地完成劳动任务，有事要跟老师请假，做事要有商量、有交代，好好培养自己的责任感。之后，我发现他真的在慢慢地变化，越来越负责，有事会请假，每天都最后一个关门，班级卫生只要有他在就完全可以放心。

我的感悟：人，尤其是孩子，都有奋发向上的欲望和潜能，关键是要创设出开启他们向上的潜能、激活他们良好欲望的契机和氛围。

小事之三：来自“后进生”的表白

我们班有个父母离异的孩子，名叫熙。父亲平时不会管教孩子，让他随便玩、打游戏机，母亲也不插手，小孩的行为习惯很差，经常被老师批评。我有特别关注他，并结合家长和老师的力量一起帮助他。我经常跟他爸爸沟通，纠正他的教育方法，希望他能配合老师：经常跟孩子谈心，及时检查孩子的作业，检查、询问孩子的上课情况，孩子学习进步要及时表扬。有一次下课时，他抱着我说：“老师，我越来越喜欢你了。”我十分激动，这是孩子多么纯真可爱的一面！随后的一段时间，熙不论是学习还是为人处世都有了显著的进步。

小事之四：爱融化于心

我们班有个叫俊的孩子，他特别小气，特别容易发怒或感到不公平。曾经有一段时间他跟老师相处得不是很愉快，我也经常被他气的心情不好，但作为老师我不可能放弃学生！于是我找来家长和心理老师，分别和他聊天，并特意制造机会让他参与到班级事务中，在工作中鼓励他，及时疏导他的不良情绪。慢慢地，我发现他懂事多了，谦和多了，学习也刻苦多了。在写《我敬佩的一个人》时，我发现他竟写了我，写了我的辛苦和我带给他的快乐。谁说孩子们不懂得感恩呢？

我的感悟：每个孩子人性中都有美好的东西，“后进生”并不比优秀生少，只是更需要我们去精心地发掘。管理最重要的是“理”而并非“管”，

“后进生”最怕的不是训斥、轻视或者抛弃，他们最“怕”的是不被尊重！一旦得到了尊重，有了做人的尊严，就将激活他们人性中最美好的情感，就会使他们的自我教育、自我发展、自我提高成为可能。否则，一旦他们丧失了做人的尊严，那么他们所放弃的就不仅仅是人性中美好的东西，他们也将放弃对整个社会的信任。

“大弦嘈嘈如急雨，小弦切切如私语。嘈嘈切切错杂弹，大珠小珠落玉盘。”教育是一首悠扬的歌，或轻或重，或急或缓，教育者要懂得不同用力，因材施教。对每一个孩子，我们都应满怀真诚的尊重与期待，用心记录下教育中的每个细节，把它们编织成心灵的“珍珠项链”，让教育更加美丽！

故事国学在小学教育教学中的实践

■林 苒

国学的意义不应停留在古代，更应该作用于现代。古往今来，每一代人都活在现代，没有一个人只活在古代。因此，国学应该是一个动词，在孔子、老子时期它只是源头，它不断地随着当下有所发展、广纳千流、自我更新，从而汇聚成为一条全新的河流。如今我们需要对其重新解释，并进行创造性的转化，以便适应当世。然而，国学教育一直以来都有各种不同的教育方法，或读，或咏，或背，或诵，颇有“眼花缭乱”之感，一下子让致力于国学教育的有志之士无从入手。

一、一个故事引发的感悟

某年暑假，我与女儿前往印尼游玩，当我们脱离大队伍坐在自己包下的车里时，首先映入眼帘的竟然是一幅孔子像。我当时非常惊奇，向那位说着一口不大标准的中国话的华人问道：“为什么会挂孔子像？”那位华人导游有些不好意思地跟我解释说，这是一位游客送给他的，听说可以保佑他生意兴隆。我一下子忍不住笑起来，他见状忙问我为什么笑。我说：“孔子确实能教化人，但他只能教化人心，却不能保佑你生意兴隆。如果你确实想要自己生意兴隆，可以挂他徒弟的头像，他的徒弟名为子贡。”我的女儿在一旁听着甚是好奇，我于是紧跟着说："子贡原名端木赐，子贡是他的字。子贡在孔门十哲中以言语闻名，利口巧辞，善于雄辩，且办事通达，曾任鲁国、卫国之相。他还善于经商，曾经经商于曹国、鲁国两国之间，为孔子弟子中首富。'端木遗风'就是指子贡遗留下来的诚信经商的风气，成为汉族民间信奉的财神。后来，商家常用'陶朱事业，端木生涯'来形容自己的生意。"在女儿闪亮的眼睛当中，我脑中突然闪过了一道亮光——

我想起了一个词：文化自觉。

"文化自觉"一词是费孝通老先生首先提出来的，他认为："文化自觉是指生活在一定文化中的人对其文化有自知之明，并对其来历、形成过程、所具特色和发展趋势有充分的认识。"在这个基础上，文化自觉可解释为在一定文化背景中的主体对其文化的自我觉醒、自我反省和自我创建。

为人师表的我在想起这个词的时候，当下即起了一股小的"心海浪潮"，那就是文化的自我觉醒、自我反省与自我创建。我想我们应该为此做些什么了。

二、两个故事获得的成功

如何才能更好地在孩子当中进行国学教育，并达到知行合一的效果？当这个疑问进入我的脑海时，我的教育生涯中恰好发生了一件学生纠纷事件，这让我收获了故事国学教学的第一个实践成果。

那天下午放学后，一个六年级的孩子告诉我他们班上有学生在打架。当我走到教室门口时，一下子哭笑不得：两个孩子正手里拿着扫把怒视着对方。我说："你们俩拿着扫把站好，我今天给你们讲一个关于扫把的故事。"紧接着，我把"拥彗先驱"的故事告诉了他们："你瞧，你们手中的扫把如果换一种材料，用桃枝制作而成，那就变成了汉前的最高接待礼仪，而你们今天却把这个高尚的礼器贬低为打架工具，真是让人可惜。"冷静下来的两个孩子在听故事的时候，眼睛里似乎闪着光芒：他们没想到德育主任不但没有批评他们，还给他们讲故事。当讲完后，我说："我不会批评你们，因为你们不知道这个国学知识。我相信其他同学也不知道，现在我希望你们把这个故事传扬出去，这就是对你们的'惩罚'。"接着，我半开玩笑地说："如果下次，我能受到你们这么高规格的接待，那林老师就心满意足了。”

第二天，当我去上课的时候，两个孩子鬼鬼祟祟地站在门口张望。当我走进教室，立即听到全班同学大声喊道：“欢迎林老师来上课！”而两个孩子站在门口，肩上扛着脏兮兮的扫把。那一刹那，我知道我的故事国学教学起作用了。

2012年我受深圳市侨办的委派，以“华文教育志愿者”的身份前往马来西亚沙巴州亚庇参加“中华文化大乐园”活动，主要是在夏令营里为来自亚庇九所中学的初中、高中生讲授国学。当我踏入教室的时候，教室里响起了“哼哼哈嘿，快使用双截棍”的歌声——当时周杰伦的《双截棍》在华人世界里很受欢迎。我当时愣住了，从来没想过孩子们会以这样的方式迎接我的到来。唱完后，我问他们为什么唱这首歌曲。他们说：老师，我们不想国学课上得既枯燥又乏味，我们想要更加活泼时尚的课堂。我笑了，灵机一动便问：你们知道双节棍是谁发明的吗？有人欢呼说是周杰伦，有人马上反驳说不对不对，是李小龙，有人竟然说是成龙。我说：“都错了。双节棍是一位皇帝发明的！”同学们一下子安静下来，我说：“宋太祖赵匡胤是一个武功高强的人，他发明的双节棍一开始不叫这个名字，而是叫‘大小盘龙棍’。”“老师，为什么是盘龙？”我于是“顺势而上”，给他们上了他们人生当中第一节中华国学课——《丢失了的龙文化》。

此后的四年里，我都受到马来西亚沙巴州“华文教育学会”的邀请，前往亚庇进行国学交流，用故事国学指引，在潜移默化中使学生闻香而识玉，进而引导华人青少年向好的道路进发，迈向清明的境界。

三、数个故事进行的实践

国学教育发展到今天，需要的已经不只是阳光、篱笆，它不仅仅是一种外在的形式，更应该是内化的，是古往的天地精华与今来的着意磨砺、融会贯通，是国学教育者在国学的大书院中你讲一场我讲一场，使国学这皇皇大典能实现“不经意处能经意，不自觉时能自觉”的自我内化功能。应该说，这是一种素质的、文明的、和谐的教育方式，它相悖于应试教育的方式，却丰富了惯性思维的教育方式，通过故事国学的实践使中华民族五千年优秀传统文化在孩子们心中留下种子，继而得以承续。

四、故事国学现场会

为了让故事国学落到实处，我建立了“故事国学现场会”特色项目。此项目遵循以“传统节日为契机，故事国学为主线，养正启智为目标”的宗旨，开展以“讲述古代故事，传承古代美德”为主题的传统节日文化系列故事国学活动，如“追寻古代之美，展示现代风采”三八妇女节活动，“中秋穿越”喜乐会，“九九重阳，践行孝道”大型国学活动，“端午节，中华游”现场会，“清明节”现场会等活动。

在家长与学生共同参与的过程中，碰撞出了许多火花。学校举办“九九重阳，践行孝道”大型国学活动时，邀请了家长与孩子一起参加。活动现场，满满都是身穿古代书生服装的孩子，一手拿着通关文牒，一手拎着茱萸袋，正兴高采烈地在“灵芝国”集市里穿梭呢！孩子带着自家家长，兴高采烈地加入到穿越大军当中，拿出学校为他们准备好的通关文牒和铜币，迫不及待地穿越“时空门”，来到了集市，开启了他们的“穿越之旅”。在“灵芝国”的集市里，打破了班与班的限制，打破了师生间的隔阂，不同班级的孩子可以去不同的集市购买物品，老师和学生同样作为“灵芝国”的国民，平等又亲切，一同参与，一同探索。活动现场仿佛真的变身成了古代的一个繁荣集市。每一个集市的老板都穿着古代服饰等待着客人们的到来，或是衣裙飘飘的淑女，或是英姿飒爽的书生。“灵芝国”虽小，但五脏俱全。“衙门”“茶馆”“聚贤阁”等为客人们提供免费服务的摊位，让“穿越之旅”变得没有后顾之忧。而其他的如“武大郎烧饼店”“米老头米饼店”“口水花生”“百果园”“糍粑屋”“麦芽糖”等有趣的摊位，则需要花费铜币来消费。每一个摊位的老板更是使尽浑身解数来吸引客人，如买一送一的促销、声响冲天的大鼓、店外美女妈妈的献舞，精彩纷呈，让人目不暇接。逛集市累了，还可以去“茶馆”免费喝一杯解暑菊花茶，到“聚贤阁”与各位英豪一决棋艺；若出现任何买卖上的异议，还有公正威武的“衙门”为客人们调解。不仅孩子们玩得尽兴，就连外校嘉宾们都纷纷表示铜币根本不够花，意犹未尽，样样皆想尝试。这样一个有爱的“灵芝国”，怎能让人不爱？

一位身穿古装的家长在活动现场兴致勃勃地说：“这个活动非常好，各种古装让孩子的国学教育有了切身实践的体验，活动中的敬老、爱老活动更让国学落到实处。孩子们都非常喜欢，甚至跑来跟我说，自己家里也要举行这样的活动。”

五、故事国学国际化

国学教育不应该只存在于国内，它应该是全世界华人都要传承与发扬的民族瑰宝。我欣然接受深圳市侨办举办的“华文教育”海外系列活动，连续四年被委派至马来西亚沙巴州里卡士中华学校开办“童蒙养正，实心究读《三字经》”的学习营。

四年的海外国学教育经验告诉我：当一个故事在孩子心中产生影响时，教育就实现了它的目的。

六、故事国学家教

古人擅长利用经典故事来教育孩子。在中国第一部家庭教育书籍《颜氏家训》中，颜之推便利用历史故事来教育颜氏子孙。例如：在《教子第二》中，他列举了正反两个故事来说明教儿要严厉的道理，一个是魏老夫人楚挞著名将领王大司马的故事，另一个则是由于父亲的溺爱最终被周逖抽肠衅鼓的故事。

“故事国学家教”已经成为灵芝小学的家教品牌，我作为宝安区国学教育研究会副秘书长受邀前往福田区中心书城在“深圳晚8点”举行国学家教讲座；连续两年受邀于南山书城进行“国学家教”讲座；还在2014年春季面向20万宝安学生以电视直播的形式，讲授了开学第一课《孝敬父母我懂得》课程；学校家庭教育讲师团成员还被深圳市精神文明办邀请到深圳国学院进行主题为“行孝”的国学讲座、受沙头角图书馆邀请举行了主题为“孝道”的国学讲座。2016年2月，我进行了一个尝试：把“中华十德”课——“走向生活的和”打造成家长与孩子共同聆听的“亲子国学课”，以“和就是人际交往之道”为线索，把国学精髓与日常生活结合起来，打造“故事国学家教”特色项目。

故事国学，能让孩子在故事中感悟、在故事中理解、在故事中知事知理知情，让他们在自己最熟悉的形式中塑造自己的品德，做到“尽己入德、推己及人，懂得宽恕之道”。

中篇

快意读尽

沉郁俊逸　情寄高远

——试论白朴的金陵怀古词

■ 黄丽娣

白朴，字仁甫，又字太素，号兰谷，是元曲四大家之一。其《唐明皇秋夜梧桐雨》《裴少俊墙头马上》和《董秀英花月东墙记》等著名杂剧作品家喻户晓，其散曲作品也历来为人们所称道。然而，他不仅是一位名扬千古的元曲大家，而且是一位著名词人，是元代词坛的代表作家之一。据《四库全书总目提要》记载："是本乃所作词集，世久失传。康熙中，六安杨希洛始得于白氏之裔，凡二百篇。前有王博文序，后有孙作序，及曹安赞。希洛以示朱彝尊，彝尊分为二卷，序而传之。朴词清隽婉逸，意惬韵谐，可与张炎《玉田词》相匹。惟以制曲掩其词名，故沉晦者越数百年，词家选本，遂均不载其姓字。"可见，历来人们大多关注白朴的杂剧与散曲，对他的词作却鲜有关注。论影响，白朴的词虽不及杂剧，但同样具有很高的成就和独特的价值，而且在元代词作衰微的情况下产生了较大的影响。

白朴的词，据唐圭璋先生所编的《全金元词》，共辑录104首，名为《天籁集》。其中独立成章的怀古词约有20首，而与金陵（今江苏南京）相关的怀古词有11首，占全部词作的十分之一，这在白朴仅有的词作中是很具代表性的。鉴于白朴词的重要地位，而今对白朴的金陵怀古词尚无专论，本文尝试从以下几个方面，对白朴的金陵怀古词做一点粗浅的探讨。

一、沉郁俊逸——白朴金陵怀古词的艺术风格

对于白朴词的风格，与白朴同时代的王博文称赞道："辞语遒丽，情寄高远，音节协和，轻重稳惬，凡当歌对酒，感事兴怀，皆自肺腑流出。"清初词坛领袖朱彝尊曾写道："兰谷词源出苏辛，而绝无叫嚣之气，自是名家。"《四库全书总目提要》记载："朴词清隽婉逸，意惬韵谐，可与张炎《玉田词》相匹。"归纳起来，可以说白朴词的风格是清隽婉逸、豪爽奔放、辞语遒丽而又质朴、音节协调而又谐和、感情真挚而又深沉、用典熨帖而无痕，兼有宋词婉约、豪放两派之长，而以豪放为主。然而，白朴的金陵怀古词主沉郁。陈廷焯在《白雨斋词话》中做过这样的阐释："所谓沉郁者，意在笔先，神余言外，写怨夫思妇之怀，寓孽子孤臣之感。凡交情之冷淡，身世之飘零，皆可于一草一木发之。而发之又必若隐若现，欲露不露，反复缠绵，终不许一语道破。匪独体格之高，亦见性情之厚。"也就是说，作词想要沉郁，首先寄托应深厚，不能浅薄甚至苍白；其次手法应含蓄，不能直白甚至叫嚣。

白朴金陵怀古词的沉郁风格，有着独特的个性艺术表现，首先表现在底蕴深厚且含蓄蕴藉。例如《沁园春·我望山形》："我望山形，虎踞龙盘，壮哉建康。忆黄旗紫盖，中兴东晋，雕兰玉砌，下逮南唐。步步金莲，朝朝琼树，宫殿吴时花草香。今何日，尚寺留萧姓，人做梅妆。长江。不管兴亡。谩流尽、英雄泪万行。问乌衣旧宅，谁家作主，白头老子，今日还乡。吊古愁浓，题诗人去，寂寞高楼无凤凰。斜阳外，正渔舟唱晚，一片鸣榔。"这是白朴游金陵凤凰台的怀古词。作者原有前序云，"保宁佛殿即凤凰台，太白留题在焉。宋高宗南渡，尝驻跸寺中，有石刻御书王荆公赠僧诗云：'纷纷扰扰十年间，世事何常不强颜。亦欲心如秋水静，应须身似岭云闲。'意者当时南北扰攘，国家荡析，磨盾鞍马间，有经营之志，百未一遂，此诗若有深契于心者以自况。予暇日来游，因演太白、荆公诗意，亦犹稼轩《水龙吟》用李延年、淳于髡语也，故书"。很明显，词人"暇日来游"，看见李白及王安石在凤凰台的题诗，"因演太白、荆公诗意"深有感触，有感而发，有意效仿稼轩的做法，借用李白和王安石诗中的句子入词，抒发词人的亡国之痛、故国之思、身

世之感、人生体悟。在这首词中，词人俯仰古今，面对金陵所经历的历代兴亡和眼前的遗物，通过对金陵山川形态的描写和对历史的回顾，得出世事沧桑、历代不断兴亡更替的结论，暗示元朝统治和其他王朝一样，转瞬之间也会在历史舞台上消失。结尾处流露出词人宁愿做渔夫的一叶扁舟，自由自在地出入烟波之间，也不愿为元代统治者服务的愿望。此词写景、叙事、抒情三者结合在一起，朝代的竞逐，人事的兴废，萧寺梅妆，建功立业的英雄，客居还乡的白头老子，都在时间的沧桑更迭和空间的广阔无涯中消尽，展现了词人怀古、伤今、虚空、寂寥、隐逸、沉郁的心态世界。全词托物寄意，情景交融，既以景起，又以景结，浓入淡出，含蓄蕴藉，深具婉约神韵。用笔可谓幽曲，寄意可谓深远，充分体现出“意不浅露，语不穷尽，句中有余味，篇中有余意”（沈祥龙：《论词随笔》）的蕴藉深沉的词风。

白朴金陵怀古词深得“真”字精髓，情真意切且情寄高远也是其沉郁风格的主要表现。在金亡已有半个世纪之久时，作为朝代更迭、人事兴废、家国易代的见证者和世事沧桑的亲身体验者，白朴作《沁园春·金陵凤凰台眺望》：“独上遗台，目断清秋，凤兮不还。怅吴宫幽径，埋深花草；晋时高冢，销尽衣冠。横吹声沉，骑鲸人去，月满空江雁影寒。登临处，且摩挲石刻，徙倚阑干。青天半落三山，更白鹭洲横二水间。问谁能心比，秋来水静？渐教身似，岭上云闲。扰扰人生，纷纷世事，就里何常不强颜。重回首，怕浮云蔽日，不见长安。”词作写景、抒情、叙事、寄往及感叹，表面虽冷峻迂回，本质却激荡澎湃，哀思、伤怀、困顿及隐士难当的心境分明可见，寄情真挚深沉，情境深远广阔，情真意切，流露自然。词作把“吴宫幽径”“晋时高冢”“江雁影寒”“秋来水静”“岭上云闲”等这些回环往复、真挚恳切的意象贯注全词，以表现“重回首，怕浮云蔽日，不见长安”，抒发故国之思，亡国之痛，身世之叹。全词遒丽婉逸，融沉雄之气韵与婉逸之情怀于一体，代表了白朴金陵怀古词独到的艺术个性，可谓我手写我心，充分展现了真情词人的风范。正如王博文在《天籁集序》中所言：“凡当歌对酒，感事兴怀，皆自肺腑流出。”白朴在金陵怀古词作中往往将自己的人生体验和真情实感寄于丰富的艺术形象中，可谓“古无无情之词，亦无假托其情之词”者，堪称情寄高远之典范。

除此之外，《夺锦标·霜水明秋》也是备受称誉的一首金陵怀古词："霜水明秋，霞天送晚，画出江南江北。满目山围故国，三阁余香，六朝陈迹。有庭花遗谱，弄哀音、令人嗟惜。想当时、天子无愁，自古佳人难得。惆怅龙沉宫井，石上啼痕，犹点胭脂红湿。去去天荒地老，流水无情、落花狼藉。恨青溪留在，渺重城、烟波空碧。对西风、谁与招魂，梦里行云消息。"此词虽然是为悼亡而作，却尽寄身世之感。借陈后主宠幸张丽华、孔贵嫔导致陈亡的史实，倾吐自己的亡国之痛，并与凭吊故国山河和回味盛衰兴废的感情纠结在一起，彼此萦绕起伏。全词低沉而不伤痛，字字清丽，句句疏朗，清隽婉逸，辞语遒丽而质朴，写景悼亡，感怀身世，寄托情怀，跌宕惆怅，沉郁蕴藉，感情真挚而又深沉。结语充满恍惚迷离、空虚寂寞、肃杀悲凉之感，遗恨无穷，不能自已。全词伤情"凄厉入骨"，又余味无穷，读来令人觉得哀而不伤、凄厉淡远，颇具沉郁俊逸和细腻谐婉之长。张子良《金元词述评》论此词曰："南宋词人移情托景之妙，无过姜、张，今知仁甫手法之精，于二子亦不遑多让。"可见评价之高。

二、重比兴，尚寄托，化句用典——白朴金陵怀古词的艺术手法

白朴的金陵怀古词沉郁俊逸、情寄高远，主要是因为承继了重比兴、尚寄托、化句用典的传统，并深深烙上了个性化艺术创造的印迹。

白朴的金陵怀古词重比兴、尚寄托，以时间的厚度为特征，将时间的沧桑流逝写得瞬息万变，把情感寄托在深厚遥远的时间之中；以空间的广度为特征，将抒情空间拓展得广阔无垠；以抒情的浓度为特征，在以自己的视感俯视时空的同时，也以自己的心灵涵盖万物，无论选取的意象是疏淡还是浓密，都能抒发出自己丰富的思想感情。例如《水调歌头·冬至，同行台王子勉中丞，韩君美》："云黯雾树，秋潦净寒潭。徘徊子隐台下，不见旧书龛。鹿苑空余萧寺，蟒穴谁传郗氏，聊此问瞿昙。千古得欺罔，一笑莫穷探。俯秦淮，山倒影，浴层岚。六朝城郭如故，江北到江南。三十六陂春水，二十四桥明月，好景入清谈。未醉更呼酒，欲去且停骖。"又如《摸鱼子·复用前韵》："问谁歌、六朝琼树。当年春满庭宇。歌残夜月西风起，吹动一川禾黍。愁绝处，

□□汝。姑苏麋鹿成群侣。清樽谩举，对淡淡长空，萧萧乔木，慷慨吊今古。生平苦，走遍南州北府。年来颇得幽趣，绿蓑青笠浑无事，醉卧一天风雨。秋几许，沙渚上，渔樵小隐随编户。扁舟脱去，望绮散余霞，江澄净练，还爱谢公句。”这两首词俯察古今，将古往今来尽揽笔端，抒情厚度达到极致，寓意深远绵长。词作包举万象，营造了巨大的空间，使写景造境都十分汪茫，寓意高远壮阔。词作意象纷繁复杂，却编排得疏密相生，错落有致，在词人的铺陈、排比、点染之下，寓意造情变化多端，具有一种吞吐万象的审美视感。白朴重比兴、尚寄托，俯察古今，吞吐万象，令白朴的金陵怀古词有巨大的抒情感染力，寓意丰富，情寄高远，无叫嚣之气，无萎靡之风，无苍白之弊，可谓“沉而不浮，郁而不薄”。

白朴的金陵怀古词博采众长，融通古今，化用前人诗句、典故，熨帖自然，不着痕迹，并能借古人彼时彼地的有关诗句来抒发自己此时此地的情怀，用古人的感情细胞来重建自己情感的血肉，使之翻出新意、出奇制胜，为表现词的中心思想和抒发作者的情感服务，真正做到了用典融会贯通。例如，《沁园春·金陵凤凰台眺望》中的“问谁能心比，秋来水静？渐教身似，岭上云闲。扰扰人生，纷纷世事，就里何常不强颜。”这几句就是根据词的句式特征，巧妙地将王荆公的诗加以剪裁、连缀而成的，创造性地化用了王荆公的诗句。而且，白朴化用后的词句不仅切合时地，更契合意境，还充分表达出词人欲远离红尘而不能的忧愁烦闷和厌恶世事的情绪。又如《水调歌头·感南唐故宫，就隐括后主词》中：“慨悲歌，怀故国，又东风。不堪往事多少，回首梦魂同。莫上小楼上，愁满月明中。”这几句巧妙地化用了李后主的《虞美人》中的词句，以此表达亡国之痛、故国之思。再如《水调歌头·朝花几回谢》中：“朝花几回谢，春草几回空。人生何苦奔竞，勘破大槐宫。不入麒麟画里，却喜鲈鱼江上。”词人借用晋莼羹鲈脍和唐李公佐南柯太守梦之典，抒发人生若梦、富贵的变幻无常和虚无缥缈，表达归隐之志。白朴化句用典并不是卖弄文采，也没有生搬硬套的弊病，这是因为他所选择的典故和诗句，都与他自己有相似的境遇或某种相似的情感经历，借古人之话自然表达自己的思想感情，可谓妙哉。

三、特殊的历史环境和人生际遇——白朴金陵怀古词形成的基础

白朴金陵怀古词的沉郁，主要源自特殊的历史环境和人生际遇。白朴出身官僚士大夫家庭，本应优游闲适，读书问学，以便将来博取功名。然而，白朴生活在宋金元易代之际，幼年便遭逢兵荒马乱。他出生后不久，金朝的南京汴梁已在蒙古军的重重包围之中，白朴的父亲白华位居中枢，整日为金朝的存亡而奔波，无暇顾及妻儿家室。金哀宗天兴元年（1232），蒙古军树炮攻城，哀宗决定弃城北走，白华只得留家人于汴京，只身随哀宗渡河而上。次年三月，汴京城破，蒙古军纵兵大掠，城内士庶惨遭杀戮，财富遭到空前洗劫。七岁的白朴在战乱中“仓皇失母”，幸好当时元好问也在城中，收留并抚养了他。不久，金朝京城西面元帅崔立发动变乱，向蒙古军队献城纳款。崔立还纵兵捕捉和屠杀金朝大臣与扈从官员的家属，搜索金银财宝，送往蒙古军中。与白朴有“三十年之旧”的王博文在《天籁集·序》中提及这场灾难时说：“太素即寓斋仲子，于遗山为通家侄，甫七岁，遭壬辰之难。寓斋以事远适，明年春，京城变，遗山遂挈以北渡，自是不茹荤血。人问其故，曰，‘俟见吾亲，则如初’。尝罹疫，遗山昼夜抱持，凡六日，竟于臂上得汗而愈。”年幼的白朴在亲身经历了这场浩劫后奇迹般地生存了下来，但是，战乱中的丧母之痛给白朴造成了极大的心灵创伤，统治者的残暴掠夺及亡国之痛使白朴心灵上的伤痕难以抚平。

白华于金朝灭亡后先投南宋，做了均州提鲁。不久，南宋均州守将也投降元朝，白华遂北投元朝。元太宗九年，白华偕金朝一些亡命大臣来到真定，依附在世守真定的蒙古将领史天泽门下。同年秋，元好问由冠氏返太原，路经真定，将白朴姐弟送归白华，使失散数年的父子得以团聚。所以明孙大雅的《天籁集·序》说白朴幼年“居于遗山先生所，遗山教之成人，始归其家”。白华带着白朴依附于史天泽，虽然受到了礼遇，但却过着寄人篱下的生活。白朴年轻时志向宏达，饱读诗书，才华横溢，本有治世之志，但因逢亡国之变，又遭失母之悲，所以他多次拒绝了出仕元朝的机会。王博文《天籁集·序》将白朴在新王朝“不屑仕进”的原因解释得非常清楚：“未几，生长见闻，学问

博览，然自幼经丧乱，仓皇失母，便有山川满目之叹。逮亡国，恒郁郁不乐。以故放浪形骸，期于适意。中统初开府史公将以所业力荐之于朝，再三逊谢，栖迟衡门，视荣利蔑如也。”元世祖中统二年（1261），史天泽屡次想以文学才识优异等为由荐举白朴出仕，他都婉言谢绝，始终不肯出仕元朝。在中统三年（1262）夏秋之交，白朴弃家南下，漫游江汉，他“不屑仕进”的原因在词中也有所反映。如《朝中措·题阙》写道：“东华门外软红尘。不到水边村。任是和羹傅鼎，争如漉酒陶巾。三年浪走，有心遁世，无地栖身。何日团圞儿女，小窗灯火相亲。”至元十七年（1280）春天，白朴举家自真定南迁到建康，从此定居。其间，白朴放情山水，优游诗酒，直至逝世。

纵观白朴的一生，幼年身经蒙古灭金、国破家亡的民族丧乱，中年目睹元灭南宋、天下归于一统，晚年又亲见元朝由乱而治，经济恢复，文化繁荣，可说是饱经忧患，百味俱尝。幼年罹乱，“仓皇失母”，颠沛流离，心灵深处留下了不可磨灭的创伤；父亲本为金朝重臣，于国家败亡之际，两度易主，终以亡国遗臣而忍辱托命于新朝，“士大夫以华夙儒贵显，国危不能以义自处为贬云”（《金史·白华传》）。这对于素来重家声名节的宦门子弟来说，无疑是刻骨铭心的羞辱，以致酿成了“百年孤愤”，终生“有山川满目之叹”。由于深深感怀于故国沦亡和家道中落，白朴一生孤高自守，蔑视荣禄，甘于寂寞，超尘绝俗，率意自适，崇尚“诗林酒泉，隐逸遁世”的生活态度。具体而言，这种特殊的历史环境和人生际遇致使白朴形成独具个性的思想性格。蒙古贵族先后覆灭金、宋两个封建王朝而入主中原，把成千上万的无辜百姓推入战火，造成汉唐以来高度发展的经济和文化的断裂乃至崩毁，这对于长期生活在井然有序的封建伦理制度下的各族人民尤其是知识阶层而言，无疑是巨大的心理震撼，从而引发出深沉悲郁的历史忧患意识和难以遏制的抗争意识。白朴身处朝代更迭剧变、家国沦亡之时，虽时过半个世纪，但身世之感、故国之思、内心痛楚仍绵延不绝。他作为国破家亡的亲身见证者和感受者，由亡国之痛和故国之思自然生出盛衰无常、兴亡无定的人世沧桑之叹，自然会在以咏史、怀古为题材的词作的字里行间，流露出国破家亡所酿成的世事难料、兴亡无定、人生命运难以把握的悲慨和怨叹。宋亡之后置身于金陵六朝古都，时势、人事、史迹都激发了他沧海桑田、兴废逮变之情。金陵历史与诗词的合缘，实则是历史与诗人词人的合缘。词人与时势、史迹的合一，历史环境、人生际遇、人生感悟的碰撞，成就了白朴的金陵怀古词作。

易代之际的巨大创伤，经过一次又一次的沉淀，于家、于国、于人生，白朴一次又一次地痛定思痛，从而创造了追忆历史、抒写人生的词作——金陵怀古词，词中寄寓的“国破家亡之悲慨，人生命运之怨叹”，充满了现实感。白朴不仅创作了数量较多的金陵怀古词，更重要的是促成了此类词作的变化，大大加强了其现实性。白朴金陵怀古词表现出来的沉郁风格，有着独特的个性艺术表现；艺术技巧上铺陈精妙，立意高远，而性情更为深厚。他集前代金陵怀古词艺术手法之大成，而又使抒情空间更为广阔。总之，无论在数量上还是质量上，白朴的金陵怀古词都代表了同类题材词作在元代的突出成就。

《论语》有道——榜样

■ 邓 熠

世人皆道《论语》是一本智者之书，仁者之书，更是一本寄托了人类共同美好理想和愿望的书，它对天地之道、心灵之道、处世之道、君子之道、交友之道、理想之道做了深刻的阐释，寄托了孔子及其弟子修身齐家治国平天下的全部教育理想。其辞藻之美，寓意之深，令人叹为观止，如饮香茶，让人口留余香，如饮美酒，让人如痴如醉。

书中皆是瑰宝，平凡如我，虽知书的美妙，却不知如何用更美的语言表达。无洋洋洒洒的气势，无旁征博引的博学之气，却是因一句“见贤思齐焉，见不贤而内自省也”，无法按捺内心的激动，虽无美文，却是真情切意的表达。

如此有内涵的语句，自是孔子所言，载于《论语·里仁》第十七条，这是后世儒家修身养德的座右铭。“见贤思齐”是说好的榜样对自己的“震撼”，驱使自己努力赶上；“见不贤而内自省”是说坏的榜样对自己的“教益”，要学会吸取教训，万万不能随世俗而堕落。杜甫写诗自我夸耀“李邕求识面，王翰愿为邻”，形象地说明了榜样的无穷力量；唐太宗说“以铜为镜，可以正衣冠；以史为镜，可以知兴替；以人为镜，可以明得失”，很好地诠释了“见贤思齐”的真正释义。而我们熟知的“孟母三迁”，正是孟子的母亲怕孟子受到坏环境的影响，担心幼小的孟子做不到“见不贤而内自省”才接连搬了三次家。

我们常听一句话：“榜样的力量是无穷的。”我们生于大千世界，接触世间百态，与品行高尚的人交往，如春风拂面，令人心旷神怡；而与不端之人接触，却是心烦意乱，令人寝食难安。

与品行高尚的人交往，能极大地推动我们身心的发展，这种发展的方向是正向的，是指向真、善、美的，也是符合当今社会价值取向的，受这种榜样的力量的鼓舞，心态会越来越年轻，越来越积极向上，我们的工作和为人处世都会呈现出一派欣欣向荣的局面。人同此心，心同此理，在工作、生活中，与“圣”为伍，也能让自己变成别人眼中的“贤”，给他人以美的享受，成为别人的“榜样”。

反之，接触到品行不端、行为不轨的人，当如何处之？不屑、嘲笑、生气、无奈、悲伤……满满的负能量？对此，我们要做的是，尽量使自己多一分理性，每日三省吾身：自己在别人的眼中是否“不贤”？常对自己不检之言语、行径进行当头棒喝，始终记住自己是谁，应该做谁。

多一分理性，一分淡定，少几分杂念，几分欲求，这样，我们就能真正地做到“见贤思齐焉，见不贤而内自省也”，真正成为一个“超凡脱俗”的人，做一个真正脱离了低级趣味的人，做一个无愧于从事“太阳底下最光辉的职业”的人，做一个让别人“见贤思齐”的人。

《论语》有道——简单

■ 邓 熠

细细品读《论语》，从中窥知孔子的礼义仁道及处世哲学，其中我印象最深的便是他所崇尚的生活态度。

《论语·述而》里这样说：“饭疏食饮水，曲肱而枕之，乐亦在其中矣。”《论语·雍也》这样赞扬孔子的弟子颜回：“一箪食，一瓢饮，在陋巷，人不堪其忧，回也不改其乐。”这里崇尚的就是“简单”！

改革开放以来，人们的物质生活水平不断提高，人们对物质的向往成了无时不有、无处不在的超群体的追求。深圳是得益于改革开放的一座神话般的城市，一夜暴富的“神话”时常上演。对于许多处在中下层收入水平的人来说，有房有车、高品质的生活成了一生的追求。于是，在房价暴涨的今天，很多人沦为“房奴”“车奴”，终日为“富”而奔波劳碌。“年轻时拿命换钱，年老时拿钱换命”成了许多人一生的真实写照。而孔子所崇尚的“简朴生活”似乎已经无人问津，以“简单”为乐也似乎成了一种奢望。

简单的生活是一种非常宝贵的生命领悟，我们常常说，简简单单才是真，但真正领悟到的人又有多少？对物质的追求固然可以激发人们的进取精神，但无休止的追求所带来的只是物质上的满足，而更残酷的是巨大的生存压力和烦躁不安的心绪，是身心无法治愈的疲惫。越来越多的人在对物质与名利的追求中渐渐迷失了自己，丢失了快乐，也失去了寻找快乐的方向。只有简单，才会使生活变得有活力，才会让我们感受到一份轻松和愉快。心中有“简单才是真”这种信念，才会容易得到满足，得到快乐。

“采菊东篱下，悠然见南山”，这是陶渊明的简单；“饭疏食饮水，曲肱而枕之，乐亦在其中矣”，这是孔子的简单；“一箪食，一瓢饮，在陋巷”，这是颜回的简单。现代人的生活或许不可能像他们那样简单，因为我们常常会在工作、生活上遇到种种让我们心力交瘁的麻烦，以至于没有心情去“乐在其中”。但其实，所谓的“没心情”和“麻烦”都源自我们的“不满足”。

记得刚知道自己被分配到沙井的时候，我觉得很伤心，因为班里其他同学大多都分配到了福田、南山，与他们相比，我就像是被流放的可怜人。然而，当看到许多资历比我高、教学水平比我高而工资却比我低的借聘老师时，我发现自己其实是幸运的。人不能不知足，常言道“知足者常乐”，知足了，才能快乐。

学会满足，在繁华落尽中寻找朴素，在坎坷过后学会坦然，这是一种境界。世间万物本简单。路是给我们走的，房子是给我们住的……只是在今天，物质的丰富多彩和复杂的人际关系蒙蔽了我们的眼睛，扰乱了我们的心智，让我们把一切都看得太复杂。其实只要我们学会用平常心去对待一切事物，看清事情的原始真相，我们就会感叹：原来，世界并不像我们想象中的那样复杂，原来，简单才是生活的真谛！

《论语》有道——平和

■ 邓 熠

宋代开国宰相赵普曾经“标榜”自己以半部《论语》治天下，可见《论语》在古代社会生活和政治生活中发挥的巨大作用以及古人对《论语》的推崇。而凭借百家讲坛名声大噪的于丹教授也曾说：“《论语》告诉大家的东西，永远是最简单的。《论语》的真谛，就是告诉大家，怎么样才能过上我们心灵所需要的那种快乐的生活。”

《论语》于我，非传道的枯燥教科书，它是快乐，更是伴于身侧，与我趣谈生活，促我修身养性的朋友。

每一个民族都有自己的母体文化。中华民族尊崇皇天后土，以大地为母亲，形成了以儒家的中庸之道为主体，以平和敦厚为特征的民族传统文化。中国长期以儒学立国，自汉武帝罢黜百家，独尊儒术以来，不管经历了多少岁月的风霜雨露，多少朝代的更迭变迁，都没有改变儒家文化在民族文化中的核心地位。孔融三岁让梨的尊礼、守礼，范仲淹的“先天下之忧而忧，后天下之乐而乐”的忧患意识，无不彰显着儒家学说“仁、义、礼、智、信”的伦理教育。几千年来，儒家学说对国民的成长有着巨大的影响作用，世人愿意尊奉孔子，以《论语》作为修身养性的准则，我想，这与《论语·微子》的“直道而事人，何往而不做黜！”的思想必然有着密切的联系。

我不喜饮茶，却钟爱茶道。细细思量，许是品味人生，忧患生命是茶道与儒家的共同主题。儒士不能一日无茶，其文也以茶为喻。有人品茶是为“茶可雅志，茶可行道”，有人品茶则为“茶烟一榻拥书眠”，如此道心文趣且闲适兼备，怎不令人心所向之？于丹教授理解《论语》为“终极传递的是一种态度，是一种朴素的、温暖的生活态度，孔子并以此来影响着他的弟子”。而这一种朴素与温暖，正是平和。一份淡泊，如一杯清茶，与谁都合得来。柴门也进得，侯门也进得，不卑不亢，不做宠物状。所以，茶和柴米油盐酱醋过日子的时候，也能与琴棋书画诗酒共发雅性，且在那个浪漫天地里，还扮演着缺一不可的角色。像一个拥尽鲜花与掌声的人，绚烂之后归于平淡，自己不评说，只待旁人去品味罢了。在儒家的眼中，和是中，是度，是宜，是当。和是一切恰到好处，无过亦无不及。平和，是儒家思想的根本，是使人“怡”的中庸之道。

孔子提倡仁爱，《论语·里仁》有文，子曰：“不仁者不可以久处约，不可以长处乐。仁者安仁，知者利仁。”在孔子的眼里，只有仁爱的人才能安于平淡的生活，只有仁爱的人才能快乐地生活。但他并不认为应当以丧失原则的仁爱之心去宽宥所有人的过失。《论语》告诉我们，要本着平等和理性的态度去尊重每一个人，且彼此之间要留有一点分寸。世间万物万象，皆因人各有志，各有禀性，正如爱茶者有喜龙井，有好乌龙一样，看待这一切，不过都是在平和中求真的一种心境罢了，是谓“不夺其真香，不损其真味”。如此，还有什么不可以真心待人，真诚说话，真实做人的道理呢？故《论语》所道之平和，亦是变通。仁爱，亦不忘本体自身的快乐。

品味人生，修身养性，正是要在愉快的生活中度好这一轮回。用淡泊的襟怀，旷达的心胸，超逸的性情和闲适的心态去生活，将自己的情感和生命融入自然状态，也不枉此生于平和之中的快乐，此乃生之大道。

情与礼

——读《论语》有感

■ 蔡广丽

侯外庐先生的“早熟”理论，就古代中国由原始社会向奴隶制社会过渡的独特路径与古希腊“古典的古代”做了比较。其中血缘氏族纽带的打破与否，作为一个决定性因素造成了两者进入文明路径的差异。古代的中国保留了血缘氏族的关系纽带，形成了古代中国文明进程特殊的“早熟”特征。

由此可见，血缘亲情作为一种不可逆的神圣信念，被国人代代相传，作用于五千年来的文化传统，深深地植根于每一个人的心中。而其核心意义的源头，我们可以追溯到孔子这位“至圣先师”的理念之中，详细可参见《论语》。

在《论语》中，亲情血缘对社会政治的启蒙意义与导向作用，我认为是孔子的思想倾向。孔子通过阐述人之常情中最自然、最根本的亲情并将其意义推广到社会、政治层面，启发广大群众与君主推己及人、克己复礼。其中他对君主提出了更高的期望——“君子之德风，小人之德草，草上之风，必偃。”“如有王者，必世而后仁。”“为政以德，譬如北辰，居其所而众星共之。”“克己复礼为仁。一日克己复礼，天下归仁焉。”孔子希望君主能够施行德政，推行仁与礼。

孔子在《论语》中多次提到君子这一形象的德行塑造，他的理论受众多为读书人。孔子通过礼乐教化的方式，将个人亲情推恩及天下人。这并非将亲情引向一条狭隘的道路，而是将亲情血缘关系扩大，由亲到疏，由小到大，由人之亲情的伦理道德上升到天下的治国策略，即由情入礼。就此，举例说明。

子曰：“其为人也孝弟，而好犯上者，鲜矣；不好犯上，还好作乱者，未之有也。君子务本，本立而道生。孝弟也者，其为人之本欤。”

孝，对父母孝敬、体贴；弟（悌），对兄长恭顺、友爱。孔子认为一个人如果能做到“孝悌”二字，那么他就不会犯上作乱。孝悌乃为人之本，之所以这样说是基于孔子推己及人的思想。一个人重视最根本的亲情，在此基础上再提升自身的品德修养，这样他就可以做到“老吾老以及人之老，幼吾幼以及人之幼”。这虽是后来子思的弟子孟子的思想，但不得不说孟子很好地继承和发展了孔子孝悌的思想。这里的孝悌就是一种亲情血缘关系的代表。孔子借根本的亲情血缘关系对应的权利与义务来教化人民推己及人，以求天下人人施仁、得仁，社会便和谐了。当然这种仁的实现并不容易，所以“礼”就被加入其中了。这里的“礼”属于由被推广的亲情血缘关系对应的权利与义务演化而来的社会秩序、伦理道德。相比“仁”的大象无形，“礼”作为一种方法、手段来规范人们的日常生活，因而“仁”是“礼”的终极目标和核心内涵，而“礼”则是“仁”的外在体现。

子曰：“弟子入则孝，出则弟，泛爱众而亲仁。”

子夏曰：“贤贤易色，事父母能竭其力，事君能致其身，与朋友交言有信，虽曰未学，吾必谓之学矣。”

这两则仍将孝悌当作仁与礼的前提。第二则指出了“事父母能竭其力，事君能致其身”的孝悌之义，前后包含了一种深层递进关系，这里由孝敬父母推及忠顺君主，有一种潜藏的君臣父子比拟关系，也就是最初讲的亲情血缘关系对政治的启蒙意义。

在中国古代，氏族血缘关系作为一种区别于西方法治制度的更强大的自然约束力，来印证“礼”的合理性，并以此作为一种统治基础。

中国崇尚“自然”，而亲缘关系则是自然赋予人类繁衍生息规律下衍生出来的自然等级关系，是一种天然的关系定位。例如，父与子，典型的亲缘关系认为其是不可违背、不可打破的。因此古代人伦纲常是一种核心理念，而西方则将人与人之间的关系用法制这种更为理性的原则来定位，并形成了一套体系。这种体系具有很强的客观性、确定性以及强制性，对人的约束力更为强硬。而中国这种以亲缘为纽带形成的政治制度与伦理价值，从古至今，绵延不绝。

在古代，中国原始社会向奴隶社会过渡时，周天子选择以宗法制为基础推行封建（封邦建国）制度来维护自身的统治，并以此形成了一套西周特有的文化政治意义上的礼乐制度。孔子对此甚为推崇，提出了他最重要的一个思想——克己复礼，来表达他作为一个士的呐喊，为此周游列国“知其不可为而为之”。而后专制主义的中央集权制度自秦开始建立，中央对地方的治理摈弃了西周时期因天子与诸侯后代血缘逐渐淡薄而导致邦分崩离析的宗法制基础，调整为理性的郡国并行制。但其中央核心权力的接替，仍沿袭宗法制的规则——世袭。因此，政治制度影响下的社会意识也形成了相对应的人伦纲常的价值体系，进而反作用于政治。例如，“三纲五常”中的君为臣纲、父为子纲，通常将君臣关系比拟为父子关系，如“父母官”“爱民如子”这类说法，还有师徒关系中“师父”“师兄”这些称呼。人们往往借由亲缘关系来比拟某一类重要的关系，以规范权利与义务的统一。君臣、父子关系的比拟，强调了区别于西方法律所规定的权利与义务的强制实现，表现为一种天然的合理性，更具不可逆性。

究其原因，中国自古以来崇尚自然、道义，不喜人为、功利。人为制定的规则若没有武力的保证，其运行很难得到保障。与此同时，特权阶层往往使自身跳出此框架，加剧了规则的不稳定性，使其很难具有绝对的约束力。相反，自然规律下衍生的人伦关系，非人力可打破。父与子的关系由上天决定，一个人不可能选择自己的生父。因而这种绝对的力量可以约束所有人，这也可以说是统治者的一种“愚民策略”，旨在维护自身统治的稳定性。

同时，中国古代的自然科学发展相对不成熟。这里的“自然科学”并不仅仅指技术层面，更重要的是一种观念——人开始认为自然是可以被认识的，并且人具备认识自然的能力。这样自然在西方就成为一门科学。相反地，古代的中国并没有完全意识到这一点，四大发明也不是一种科学意义上的发明，所以它们的用途局限于传统的封建活动，没有带来生产力的革新与发展。西方的自然科学旨在探索自然发展的规律，他们甚至将目光投向了宇宙，对于自身生存环境的了解与认知破除了对原始神灵的盲目崇拜，也破除了未知带来的生存恐惧，使得他们认识到自我之于天地的伟大存在。肯定了“人”的价值，发展了“人”的观念，“人文主义”的意识诞生。

古代的中国由于对自然的研究与探索没有达到相应的程度，对自然没有深刻的科学认识，因而自然的力量始终凌驾于人类的力量之上，人们敬畏自然，赋予自然力量绝对的优越性。在此基础上，人伦关系的重要体现——亲缘，即亲情成为古代中国“礼”的发源地，并逐渐发展为社会秩序规范的基础。

养浩然之气

——读《孟子·公孙丑上》有感

■ 黄丽娣

《孟子·公孙丑上》原文（节选）：

“敢问夫子恶乎长？”曰：“我知言，我善养吾浩然之气。”“敢问何谓浩然之气？”曰：“难言也。其为气也，至大至刚，以直养而无害，则塞于天地之间。其为气也，配义与道。无是，馁也。是集义所生者，非义袭而取之也。行有不慊于心，则馁矣。我故曰，告子未尝知义，以其外之也。必有事焉，而勿正；心勿忘，勿助长也。无若宋人然。宋人有悯其苗之不长而揠之者，芒芒然归，谓其人曰：‘今日病矣！予助苗长矣！’其子趋而往视之，苗则槁矣。天下之不助苗长者寡矣。以为无益而舍之者，不耘苗者也，助之长者，揠苗者也，非徒无益，而又害之。”

纵观历史，养“浩然之气”为千古文人志士所践行。时至今日，“浩然之气”尤为珍贵，它是做人之本。那究竟什么是“浩然之气”，又如何培养“浩然之气”呢?

“气”是象形字，像云气之形，指称“云气”“气息”“血气”等物质现象，因而先秦的思想家将气引申为一个哲学范畴。老子说：“万物负阴而抱阳，冲气以为和。”《左传》说：“天有六气，降生五味，发为五色，徵为五声，淫生六疾。”庄子又将它衍生为：“人之生，气之聚也。聚则为生，散则为死。”管子进一步将“气”看成“凡物之精，化则为生。下生五谷，上为列星。流于天地之间，谓之鬼神；藏于胸中，谓之圣人”的对象。这样看来，哲学范畴的“气”是一个复杂的概念，概括为两个方面：一是指物质的气，二是指精神的气。而孟子所言指的是精神的气。

一、什么是浩然之气

《孟子·公孙丑上》中，当公孙丑问孟子何为“浩然之气”时，孟子回答“难言也”，但还是给出了自己的论述：“其为气也，至大至刚，以直养而无害，则塞于天地之间。其为气也，配义与道；无是，馁也。是集义所生者，非义袭而取之也。行有不慊于心，则馁矣。”意思是：气这种东西是最伟大、最刚强的，需要用正确的认识去培养它并且不加以伤害，这样才能使它充满天地之间，无所不在。这种气，必须与道和义相配合，如果不这样做，就没有力量了。此外，气是由正义的日常积累而产生的，不是通过偶然的正义行为就可以取得的。倘若行为有所失当，做了有愧于心的事情，那么这种气就没有力量了。

孟子认为“浩然之气”是一种“至大初无限量，至刚不可屈挠”的“天地正气”。个人拥有了这种气，就拥有了充满整个世界的精神力量，所以这种“浩然之气”中蕴含着巨大的精神力量。可见，孟子所言的“浩然之气”是指人们经过道德的修养所达到的博大而崇高的精神境界，表现出来的是一种由义和道凝聚而成的凛然正气。孟子曾提出，真正的君子应该“居天下之广居，立天下之正位，行天下之大道”，应该“仰不愧于天，俯不怍于地”，更应该“富贵不能淫，贫贱不能移，威武不能屈”。所谓养成“浩然之气”，也就是超越了权势、名利、物欲等世俗观念的限制而实现人格的独立，达到“上下与天地同流”的境界。“浩然之气”是“集义所生者”，养成这种气需要搭配“义”与“道”。“义”与“道”涉及的根本是道德问题，所以“养气”从本质上看也就是加强思想道德的问题，“浩然之气”的核心是道德修养。

二、如何培养“浩然之气”

对如何培养“浩然之气”，孟子谈了两个方法：

第一，“直养而无害”，即用正确的见识去培养且不加以损害。“直”：直见，正见。《说文解字》云：“直，正见也，从乚，从十，从目。”徐锴曰：“乚，隐也，今十目所见，是直也。”所以，“直”可解释为正确的见识或思想。

第二，“集义所生”，即一直用正义的积累去产生。在这里，孟子还从反面加以说明，指出“浩然之气”“非义袭而取之也”“行有不慊于心，则馁矣”，即不是偶然通过正义行为突然取得的，只要做了一件有愧于心的事，它就贫乏了。

“浩然之气”这种高超精神境界的培养，用孟子的话说，是“直养而无害”和“集义所生”，实际就是要用严格的、长期的知识修养和道德修养来获得。“直养”是知识修养，“集义”是道德修养；知识修养使人高明，道德修养使人高尚。知识修养和道德修养是互相包含、互相影响的。知识修养使人明辨是非、善恶、美丑，有助于道德修养；道德修养不但包含对社会、人生的知识，体现着知识修养，而且能摒弃私心、杂念、偏见，使人更好地认识社会和人生，促进知识修养的提高。“无害”“集义所生”“非义袭而取之也”“行有不慊于心，则馁矣”，都说明了培养这种修养的严格性和长期性。

孟子将自己的“养气”与北宫黝的“以言养勇”、孟施舍的“以气养勇”和曾子的“以志养勇”进行对比，肯定了“气”在培养人精神方面的作用。这种“浩然之气”是需要不断培养的。所以孟子说：“天将降大任于斯人也，必先苦其心志，劳其筋骨，饿其体肤，空乏其身，行拂乱其所为，所以动心忍性，曾益其所不能。人恒过，然后能改，困于心，衡于虑，而后作。徵于色，发于声，而后喻。”可见养成“浩然之气”绝不是一朝一夕之功，因而如果只是做一两件好事，那是无济于事的。

但培养“浩然之气”的过程需要遵循自然规律，因为“气”是“非义袭而取之”的，不能随意改变事物的本性。孟子用了“拔苗助长”的故事来证明自己的观点，说禾苗的成长需要农人的培养，如果不去理会地里的庄稼，这样的农人是懒汉，但过分地帮助禾苗生长，也会导致庄稼死亡。“养气”与种庄稼是同样的道理，需要按照事物发展的自然规律，“直养”配以“义”和“道”，这样才能养成“浩然之气”。

教育乃国之本。蔡元培曾说：“要有良好的社会，必先有良好的个人，要有良好的个人，必先有良好的教育。”推而广之，要有良好的教育，必先有优秀的教师。教师高尚的品德和修养，是教育学生的重要前提和基础。十年树木，百年树人，踏上了三尺讲台，也就意味着踏上了任重而道远的育人之路。为人师表，必先修其自身。“学高为师，德高为范”，这是对教师的基本要求，唯有德高才能学高。教师要教育学生，就应该加强自身修养，怀一腔浩然之气，才能更好地锻炼和提高自己的执教能力与育人能力。此外，教师还需要把养“浩然之气”作为育人的目标，在教育路上遵循学生的发展规律，注重学生的知识修养和道德修养的培养。路漫漫其修远兮，吾将上下而求索，我将继续在教育路上和学生一起养“浩然之气”。

《文心雕龙·比兴》略有所见

■ 蔡广丽

《诗》文宏奥，包韫六义；毛公述《传》，独标“兴体”，岂不以“风”通而“赋”同，“比”显而“兴”隐哉？故比者，附也；兴者，起也。附理者切类以指事，起情者依微以拟议。起情故兴体以立，附理故比例以生。比则畜愤以斥言，兴则环譬以托讽。

开篇释名以章义。从论《诗》出发引出“比”“兴”。《诗》体大思精，其中蕴含着风、赋、比、兴、雅、颂六义。毛亨作《毛诗训诂传》时却只标明运用“兴”的句子，难道不是《诗》所兼用的赋、比、兴三种手法中，赋直而兴婉，比明而兴隐，而兴相对显得幽约委婉吗？

接着分别论述“比”与“兴”的具体含义。“比”，比附、附会之意，指描写事物的形象时把作者的主观情感和客体的义理附会上去，这就要求物我之间具有相同之处，故有切合事物的情理，指陈事物的意义。通过对比，模仿物象，附会义理，发挥语言在创作表达中切中诗人眼和心所向的功能。“兴”者，感兴，引发之意，指抒情言志时，先借客观细微的事物对其进行反复吟咏，以此引出诗人潜藏于心的意志，物我之间的联系是比较微妙的、间接的。通过兴，发现创造兴象，再令其回环往复出现，阐发一系列联想，继而整合成一个兴象系统，再联系作者的情感意志，统筹全局，使整首诗形成一个有机协调的整体，使诗的意义得到充分完整的阐释。

最后总述二者的区别与关系。“比”的运用产生譬喻。诗人因内心的积愤而有所指斥；“兴”的运用产生兴象，诗人通过回环譬喻，托言于物，以寄讽刺。

在解释比与兴时，往往随着解释的具体化，很难分辨出二者的区别。换一种说法就是，解释时若对二者进行划分界限的分离处理，便会觉得它们释义趋同，只是程度深浅不同罢了。

因而，以比显兴隐的问题来探究“比”与“兴”的关系，以下做进一步具体分析，主要从三个维度展开：读者与作者的参与度、诗人的表达方式、二者与形象体系的关系。

一、读者与作者的参与度

比的主要要求是附意切事，比的表情表意总是贴合被比者的性质和特点。从物象的选取到意象的塑造，这一过程全部由作者直接完成。读者对于这部分的理解相对简单，原因是可参照前人的定向认知，如“硕鼠”借指搜刮民脂民膏的贪官，“桃夭”则指代宜室宜家的新婚女子，都作为典故被后人广为沿用。即使无典故参照，因为“比”这一手法的现实性，读者往往也能轻易把握作者的意图。因此，读者无须额外地对作品进行加工阐释，参与度较低。

兴则要求曲折深微的感兴、兴寄、兴会。所谓“隐义以藏用”（《宗经》），乃至“义生文外”“文外重旨”（《文心雕龙·隐秀》），兴兴之所发，兴会淋漓而重在言外、象外乃至意境之外。诗人吟物感发于心创造出深微绵邈的兴象，由此引申出一重乃至多重的意象甚至意境。因此在创作过程中，诗人所想甚多却吝惜笔墨，往往如蜻蜓点水，浅尝辄止，追求艺术上的含蓄蕴藉。这就自然要求读者在此阶段有较高的参与度，读者要发挥自身的联想与想象，并根据自身生活经历、学问修养以及性格个性去理解，在此基础上要求诗人与读者在心灵上建立一种同感共通的关系，此时读者阅读诗的情感体验越深刻越容易契合诗的意境与诗人的心境，从全局把握诗的层次与意蕴。

兴相对于比，读者的参与度更高，不确定性和多样性也就增强了，因此更不易把握，相对来说意义也就更加隐晦。

二、诗人的表达方式

诗人在运用比的手法时，要求比与所比之物必有类似的媒介。黄春贵在《文心雕龙之创作论》中认为比是类似的联想，兴是继起的联想。之后黄春贵又对兴补充："不求形似，随兴所之。"

刘永济的《文心雕龙校释》云："比者，作者先有此情，亟思倾泄，或嫌于迳直，乃索物比方言之。兴者，作者虽先有此情，但蕴而未发，偶触于事物，与本情相符，因而兴起本情。前者属有意，后者出无心。有意者比附分明故显，无心者无端流露故隐。"正所谓比者有意，兴者无心，诗人兴寄无端，偶有所发，兴会淋漓。

可见相对来说，兴具有随意性和偶然性，难以捉摸，有时甚至可能是诗人的一种直觉，与佛家的顿悟有相似之处。因此，兴隐也就理所当然了。

三、二者与形象体系的关系

刘勰认为比显而兴隐，赋明而兴微，赋、比往往包含在兴之内。从形象体系与情感抒发的角度来说，兴是整体，比是部分。邱世友在《文心雕龙探原》中说："通过比去认识宇宙人生和心灵世界，也只在比的范围之内。比如果超出所比的现实和心灵范围，必然成为整体形象的感兴。"相比兴而言，比更贴合现实物象，而兴虽然兴于此物，却表幽约迷茫之情，贴近于心灵世界，能够上升到文本整体的高度和深度，而非比作为具体的修辞手法可以达到的。从这个意义上来说，兴就更加隐了。

参考文献：

张少康. 刘勰及其"文心雕龙"研究［M］. 北京：北京大学出版社，2010.

浅论郑板桥题竹诗的思想艺术特色

■ 黄丽娣

郑板桥是清朝“扬州八怪”之一，他的“怪”主要表现在两个方面：一是生活思想作风上的“怪”。他一生贫困，中进士后虽做过几任县令，但仅为小小的“扬州七品官耳”，后又做了十载扬州画师，以卖画为生，生活清寒。他有奇才却潦倒不得志，虽有十余年的仕宦生涯，但他看不惯封建社会的腐败丑恶和官场的污浊黑暗。他满腔牢骚，愤世嫉俗，但对人民的疾苦深为同情，曾发出“衙斋卧听萧萧竹，疑是民间疾苦声”的愤慨[①]。由此可见，他的“怪”表现在他不与封建社会的昏庸、丑恶、黑暗同流合污，所以他的“怪”中暗含积极的社会意义。二是艺术风格上的“怪”。郑板桥在艺术创作上有很高的成就。据清张维屏《松轩随笔》载，“板桥有三绝：曰画、曰诗、曰书。三绝之中有三真，曰真气、曰真意、曰真趣”。三绝之中以画为著，画中又以竹为最。所谓真，是指在作品中直抒其真情实感。郑板桥在艺术创作上不拘泥于古法，不墨守成规，不趋时俗，不拘一格，“以造物为师”，从社会现实出发，反映生活，直抒胸臆，随意挥洒，妙趣横生。因此他的“诗词书画皆旷世独

① 卞孝萱．郑板桥全集［M］．济南：齐鲁书社，1985：204.

立，自成一家”[①]。他勇于创新，为艺术创作另辟蹊径，但在拟古、八股的形式主义文风盛行的康熙、乾隆时期，他的这些新风独创却被视为“怪”的现象。

中国绘画的特点是在画中题诗、字、记、盖印、署名，把诗、书、画、印紧密结合在一起形成整个艺术的有机整体。郑板桥在这种综合艺术的发展上向前推进了一步。他往往在题画记中把画的主旨、用意、感受、体会表达出来，我们从他的题记中可看到他的生活、思想、情趣、性格、艺术见解、创作过程等。本文尝试就郑板桥题竹诗做一点粗浅的探讨，从而领略郑板桥题竹诗的思想艺术特色。

一、内容现实

郑板桥的题竹诗真实地反映了当时的社会现实。它不是歌功颂德、粉饰太平之作，也不是见到什么就写什么，有闻必录，更非诗人关在衙斋里的凭空想象和虚构，而是经过对生活的仔细观察，选取了典型材料之后的艺术加工，因而作品具有本质的、真实的、浓郁的生活气息。

当时拟古、仿古、八股的形式主义文风盛行，以模古或以不食人间烟火的空灵为高雅时尚，艺术脱离现实生活，死气沉沉，千篇一律，而郑板桥在创作实践中主张“以造物为师”“不泥古法，不执己见”[②]。他主张“掀天揭地之文，震电惊雷之字，呵神骂鬼之谈，无古无今之画，原不在寻常眼孔中也。未画以前，不立一格，既画以后，不留一格”，[③]肯定了理明词畅、内容充实的作品，批判了追求形式华美、忽视诗文内容的文风。他说：“文章有大乘法，有小乘法。大乘法易而有功，小乘法劳而无谓。”他称赞大乘法“理明词畅，以达天地万物之情，国家得失兴废之故”[④]，小乘法“取青配紫，用七谐三，一字不合，一句不酬，拈断黄须，翻空二酉，究何与于圣贤天地之心，万物

---

① 蒋宝龄，蒋苣生．墨林今话［M］．北京：中国书店出版社，1996：11.

② 卞孝萱．郑板桥全集［M］．济南：齐鲁书社，1985：370.

③ 卞孝萱．郑板桥全集［M］．济南：齐鲁书社，1985：220.

④ 卞孝萱．郑板桥全集［M］．济南：齐鲁书社，1985：263.

生民之命”。[①]他认为凡是寄意深刻，富有现实内容，能起经世济时作用的作品都属于大乘法；凡是堆砌辞藻，标花宠草，缺乏现实内容的作品都属于小乘法。对于自己的创作，则明确地提出了“理必归于圣贤，文必切于日用”[②]的原则，就是要求艺术直接反映社会现实生活，抒发自己的真情实感，一切从现实生活的实际出发，反对仿效古人。

郑板桥在潍县当县令时，曾经写下这样一首题竹诗：“衙斋卧听萧萧竹，疑是民间疾苦声。些小吾曹州县吏，一枝一叶总关情。”[③]郑板桥一生坎坷，50岁才入仕途，在做下层地方官时，为官清正，县衙萧萧的竹声，使他想到了民间的疾苦和为官做吏者的责任，他对百姓生活中一枝一叶的小事都十分关切，表现了他对百姓的同情，实在难能可贵。在那个君权神圣、文网严密的时代，他甚至敢于指责皇帝的不知下情和官僚机构同人民的对立，在作品里寄托自己关心国计民生的思想和清高正直的品格，但终因助农民胜讼及办理赈济得罪豪绅而被罢官。被罢官后，他定居扬州，自食其力。“宦海归来两袖空，逢人卖竹画清风”便是他的生活写照。[④]郑板桥有这样一首题竹诗：“咬定青山不放松，立根原在破岩中。千磨万击还坚劲，任尔东西南北风。”[⑤]身为诗人，其一生刚正不阿，所以他笔下的竹显得愈加坚定、挺拔、苍劲。竹这种宁折不弯的精神，又是诗人“清为官、勤为民”的高尚情操的生动写照，表现了诗人坚强不屈的豪迈气概和刚直气节，抒发了诗人不肯随风转向的坚定意志、顽强毅力，以及不怕打击，充满自尊、自信的豪情。他还有一首题竹诗：“一阵狂风倒卷来，竹枝翻回向天开。扫云扫雾真吾事，岂屑区区扫地埃。”[⑥]此幅题竹诗表达了诗人不畏权贵的压迫，澄清寰宇、济世安民的雄心壮志，还寄寓了诗人对官场的腐败与虚伪的厌恶之情，表达了诗人甘于淡泊、两袖清风、

① 卞孝萱. 郑板桥全集［M］. 济南：齐鲁书社，1985：263.

② 卞孝萱. 郑板桥全集［M］. 济南：齐鲁书社，1985：241.

③ 卞孝萱. 郑板桥全集［M］. 济南：齐鲁书社，1985：204.

④ 卞孝萱. 郑板桥全集［M］. 济南：齐鲁书社，1985：329.

⑤ 卞孝萱. 郑板桥全集［M］. 济南：齐鲁书社，1985：221.

⑥ 卞孝萱. 郑板桥全集［M］. 济南：齐鲁书社，1985：352.

廉洁正直的情操和志趣。“乌纱掷去不为官，囊橐萧萧两袖寒；写取一枝清瘦竹，秋风江上作渔竿”[①]便是对此最好的阐释。“画根竹枝插块石，石比竹枝高一尺，虽然一尺让他高，来年看我掀天力。”[②]这首题竹诗则表达了诗人反抗黑暗势力、不屈不挠的无畏精神和乐观向上的战斗精神。郑板桥的题竹诗寄寓了他的美好理想，也蕴含着丰富的社会内容。

二、情真意切

郑板桥的题竹诗，感情非常真挚，几乎每一个字都和他的生命分不开，每一首都是他赤子之心的自然流露。他的题竹诗在情感表达方式上，的确也很少含蓄蕴藉，大多都是直抒胸臆，不加抑制，让情感的激流一泻而出，显得格外酣畅淋漓、真挚动人。敢于抒写自己的“真气”“真意”“真趣”，这正是郑板桥所大力提倡的。他认为“千古好文章，只是即景即情，得事得理”。[③]也就是说，好文章都是老老实实写出来的。由此可见，真挚直率是郑板桥题竹诗的一个显著特点。

郑板桥认为，画竹并非眼里看到什么，心里就想到什么；也并非心里想到什么，笔下就画出什么。他总是在眼里到心里再到画里的变化中借机抒发真挚的情感。“江馆清秋，晨起看竹，烟光、日影、露气，皆浮动于疏枝密叶之间，胸中勃勃，遂有画意。其实胸中之竹，并不是眼中之竹也。因而磨墨展纸，落笔倏作变相，手中之竹又不是胸中之竹也。总之，意在笔先者，定则也。趣在法外者，化机也。独画云乎哉？”[④]这首诗描写了在清爽的秋季，郑板桥早晨起身之后就走出来观赏竹子。这时，旭日朝霞刚刚开始映照大地，夜间的露水和清晨的薄雾还都不曾消失，竹枝竹叶之间浮动着一股雾露之气，看来别有一番风韵。于是，“胸中勃勃，遂有画意”。诗人结合“晨起看竹”所

---

① 卞孝萱. 郑板桥全集［M］. 济南：齐鲁书社，1985：204.

② 卞孝萱. 郑板桥全集［M］. 济南：齐鲁书社，1985：365.

③ 卞孝萱. 郑板桥全集［M］. 济南：齐鲁书社，1985：369.

④ 卞孝萱. 郑板桥全集［M］. 济南：齐鲁书社，1985：199.

见之景，进而阐述作画的复杂过程。从凝神构思到挥毫落墨，往往发生了变化，他提出了眼中之竹、胸中之竹和手中之竹，非常清晰地说明了画竹过程中的三个阶段，并且就画竹的“定则”和“化机”做出了总结。

郑板桥喜欢直率地表达自己的真挚情感，且善于借助各种机会表达不同的情感。“四十年来画竹枝，日间挥写夜间思。冗繁削尽留清瘦，画到生时是熟时。”①在此，郑板桥结合他画竹、写竹四十余年的叙述，回顾自己的创作经历，抒发感情，感慨颇深，阐明画竹成功是他勤学苦练、精益求精、坚持不懈的结果。“画到生时是熟时”正是诗人艺术生活的哲理总结，它表现出诗人不懈追求至美艺术的精神。“日间挥写夜间思”阐明了写作要勤写多思的道理。“冗繁削尽留清瘦”则启发我们写文章应删繁就简，使之脉络清晰。

三、语言朴素

郑板桥曾明确声明：“凡吾画兰、画竹、画石，用以慰天下之劳人，非以供天下安享之人也。”②在他那里，诗、书、画是三位一体的。正是由于在思想感情上能够贴近人民大众，他才能把艺术实践的各个方面和人民群众联系起来。他的题竹诗，不仅在思想内容上具有强烈的人民性，在语言文字的运用上也易于为人民所接受。故而，他的题竹诗的语言往往具有清新朴素的特点，如“一片绿阴如洗，护竹何劳荆杞？仍将竹作笆篱，求人不如求己。”③“一节复一节，千枝攒万叶。我自不开花，免撩蜂与蝶。”④等。

郑板桥在语言运用上，力避冷僻的典故和险怪诘屈的字词，力求语言富有生活气息。郑板桥的题竹诗很少用典，不仅如此，就是对古典诗词的引用和熔铸，在其诗中也很少见。《清代学者像传》中说板桥的诗词“不肯做熟语”⑤。意思是说他不愿意书写当时一般文人填书塞典的诗词。也就是说郑板

① 卞孝萱. 郑板桥全集［M］. 济南：齐鲁书社，1985：372.

② 卞孝萱. 郑板桥全集［M］. 济南：齐鲁书社，1985：218.

③ 卞孝萱. 郑板桥全集［M］. 济南：齐鲁书社，1985：222.

④ 卞孝萱. 郑板桥全集［M］. 济南：齐鲁书社，1985：199.

⑤ 叶衍兰，叶恭绰. 清代学者像传［M］. 上海：上海书店出版社，2001：106.

桥能跳出古人的圈子，在语言上形成自己的独特风格。除此之外，郑板桥还主张吸收口语入诗。郑板桥长期生活在社会的底层，而且与人民接近，民间语言对他的创作有很大影响。他努力在诗词中加入了很多口语，朴素自然，简直像从天真烂漫的童心中自然流出一样。例如，“竹又不高峰又矮，大都谦退是家风。”①“敢云少少许，胜人多多许。”②这些口语化的诗句，通俗易懂，符合百姓的审美，易被大众所接受。

从以上对郑板桥题竹诗的思想艺术特色的探讨，不难看出郑板桥的题竹诗，由于造物为师、内容现实、感情真挚、语言朴素等思想艺术特色，接近人民，走向人民，为群众所喜闻乐见。尤其值得称赞的是，在明、清两代，在诗坛上拟古、复古之风越刮越猛的情势下，“扬州八怪”之一的郑板桥却不随流俗，不搞复古主义，而是敢于独树一帜，走通俗化的道路，以朴素的口语入诗，这就和当时那些复古派文人形成鲜明的对比，具有不同寻常的进步意义。

---

① 卞孝萱. 郑板桥全集［M］. 济南：齐鲁书社，1985：389.

② 卞孝萱. 郑板桥全集［M］. 济南：齐鲁书社，1985：203.

浅谈《三字经》里的教育

■ 蔡广丽

《三字经》是中国古代儿童的启蒙读物，今日读来，仍大有裨益。尤其是其中包含着大量的教育理念，是中国古代教育的百科全书，它的高超之处就在于能够把古人的教育观有效地转化为人们的教育共识，值得我们好好研究与吸收。

一、人性向善，儿童本是一张白纸

人性是“善”还是“恶”是一个人生成教育策略的出发点。《三字经》的教育观为人性是善的——“人之初，性本善。性相近，习相远。苟不教，性乃迁。”《三字经》中关于孟母教育行为的描述有两句，共12字：“昔孟母，择邻处。子不学，断机杼。”从中可以看出孟母特别重视育人的环境和方式。现代教育观认为，人是一个需要社会化的动物，而教育就是人的社会化过程。任何教育的逻辑结果都是指向现实社会的，而教育者必须生成教育策略，才能促进儿童的社会化进程，并引领其方向。可见，教育策略的生成不是臆测的，而是现实的、客观的。

人性向善是孟母教育行为的逻辑起点，而“苟不教，性乃迁”是她教育行为产生的动力，也是她朴素的教育动机。既然儿童天生是善的，而且易受“污染”，因此就很有必要重视教育环境。因为儿童的变化和发展是需要促进的，所以要有积极的教育行为。作为一个母亲，孟母自然要尽职尽责地做好自己孩子的启蒙“老师”！

二、重视家教，家教影响孩子一生

《三字经》告诉我们，“养不教，父之过”。孩子最重要的教育始于家庭教育，成于家庭教育。所以现在很多教育观也一直强调，家庭教育才真正决定了一个孩子的未来。何以如此认为呢？因为孩子的成长过程就是学习过程，而家庭教育则是孩子成长过程中十分重要的一环，也是孩子学习中的重要一环。我们常说的“三岁看大，七岁看老”就是这个意思。这足以说明三岁以前的教育对一个孩子的影响有多么深远。孩子个性的形成是一个缓慢的过程，正所谓“苟不教，性乃迁”。如果能够好好利用家庭环境以给予孩子潜移默化的影响，对孩子的成长将大有裨益，这正如孩子学说话的过程。小孩子学说话的时候，反复接受同样的刺激才能慢慢使概念与事物构成一定的对应关系，并在不断修改中，在头脑中建立相对稳定的、必然的联系。可以说，孩子学说话的环境就是孩子成长的最重要的环境。而作为家长，教育孩子时就要利用好这一环境，对孩子进行不同方面的积极的教育。

“养不教，父之过”能够给予我们更多的启示。家庭教育的科学化，十分有利于孩子的健康成长。而作为启蒙教师的父母，更要多多思考如何对孩子进行科学的教育，而不是一味地给予盲目的爱。因为一旦真养不教，或是不正确的教，对孩子、家庭乃至整个社会都是十分危险的。所以作为家长，应努力为孩子提供一个良好的成长环境，让他们明礼仪，辨是非，知荣耻，正心智。

三、教化不易：儿童教育应该充满智慧

尽管孟母相信人的天性是善的，但她更知道儿童的天性是“野”的，这种“野”是对动物本性的继承，是对开放式自然界的写照。孟母不仅承认自己对儿子负有教育职责，而且很认真地承担了这一任务，她十分注重教育孩子的方式。当孟轲惰于学习时，她没有采取恐吓、打骂和逼迫的方式，而是用基于社会情感的“活动”事实来感化他。“子不学，断机杼”也是一种充满智慧的教

育行为!

儿童世界充满了可能性。变化使然，儿童的发展必须接受指导。“幼不学，老何为。”教育的职能之一就是选择。面对不可知的未来，面对充满无限可能的儿童世界，面对铺天盖地的信息刺激，儿童的心灵无时无刻不在自由放飞。如果成人不能给他们以科学的关注和引导，他们就会在自由中迷失自我，丧失使命感。因此，称职的教师和家长必然时时刻刻用关爱的目光注视着儿童，在他需要时为他送去一“掌”，或推，或拉，或阻……做到“手拿戒尺，眼中有光”，做到严慈并济，智慧教育。

总之，我们应通过《三字经》中的字字句句反思我们的教育，把流传千年的优秀传统文化和现代教育结合起来，为孩子的发展提供一个更好的教育平台，让教育更具智慧!

下篇

趋向鼓舞

从“举案齐眉”到“言传身教”

——在国学经典里寻找家庭教育方法

■林 苒

一、举案齐眉：家庭成员的和睦相处能让孩子找到品德方向

通过讲授经典故事来引导家庭成员和睦相处，是利用中华优秀传统文化资源库的有效途径。《后汉书·梁鸿传》里记载：“为人赁舂，每归，妻为具食，不敢于鸿前仰视，举案齐眉。”梁鸿与孟光夫妇举案齐眉的举动，正是夫妻间相互谦让、互相尊重的典范。一个有良好氛围的家庭，必定会培养出有良好品质的孩子，而要有良好的家庭氛围，夫妇之间一定要存在和睦的关系。《中庸》中说：“君子之道，造端乎夫妇。”只有夫妇和睦，才能让孩子从幸福的家庭中感受到最纯洁的爱，并能从父母身上懂得对人宽容、心怀感恩、与人为善的道理。

1. 和为贵：家庭成员和平相处

（1）心平气和地对待家庭成员。在孩子面前，尽量心平气和地对待家庭成员。即使发生了矛盾，一旦面对孩子，也应该平静下来，不要让无辜的孩子加入成人的复杂世界。在这样一个年纪，孩子们纯净的瞳孔只需看到世事的美好与人性的友善，感受来自生活的愉悦和人们的善良。这便需要家人的配合：

当意识到孩子有了自我意识后，家庭成员要达成共识——无论发生多大的矛盾，在孩子面前都要和平共处。

（2）尽量在孩子面前表现出正确的一面。孩子无论聪明与否，他们都只是在成长过程中，幼小的心灵并没有明确的是非对错观念。于他们而言，生活就如同混沌之初的世界，空旷宽广，内心满是好奇，但却对如何融入生活毫无头绪。当你一不小心让你与家庭成员的纠纷“裸露”于孩子面前时，旁观纠纷的孩子是最为迷惘的。他们面对复杂的争吵就如同来到了进入森林的两条岔路：一条满是荆棘，一条则是康庄大道，但他们却无从选择。这时你要马上清醒过来，立刻停止争吵，并站在中立的位置上告诉孩子哪种情况是对的，哪种情况是错的，要在孩子面前大胆地承认自己的错误，正确地进行引导。你与家人的纠纷对于孩子来说，直接决定他的价值观和是非观。

2. 孝当先：践行孝道从父母做起

（1）尽量为孩子构建一个和谐的家庭氛围，为孩子思想品德的自主建构搭建一个正确的价值指引。正所谓南橘北枳，成长环境决定了孩子的成长方向。家长要努力让孩子发现自己生活在幸福美满的家庭里，要尽一切所能为孩子提供一个强有力的活动情境导向和精神氛围导向，避免由于个人的狭隘和私欲而形成不利于孩子成长的环境。一朵长期听着音乐长大的花会格外得娇艳美丽，更何况是在美好环境之中长大的孩子呢？

（2）形成一种具有强大约束力、感染力和引导力的“孝道”氛围，引导孩子自觉孝顺长辈。《说文》里指出：“孝，善事父母者。从老省，从子，子承老也。”意思就是：孝顺自己的父母，待你老后，你的孩子也会孝顺你。耳濡目染的教育是有效的，亦是长久的。这样做可使孩子真正将孝道融入骨髓，成为习惯，代代相传。孩子的模仿行为是自己建构知识的过程，他会对外部信息主动地进行选择和加工，并通过新旧知识、经验间反复的、双向的作用构建自己的理解。也就是说，当他第一次接收到“你要孝顺爸爸妈妈”的信息时，他首先会在脑海里搜索“怎么做才是孝顺爸爸妈妈”的内容，当他搜索到“爸爸妈妈平时是这样对待他们的爸爸妈妈的”内容后，会选择同样的行为。家长要牢记“生活就是教育”这一理念，无论对待家人还是朋友，都要为孩子树立一个正面的榜样。

（3）不要在孩子面前说老师的坏话。一个学生对老师的情感，会直接影响到他在学习、生活中对老师的接受程度。而一个学生，只有愿意主动亲近老师，方能亲近知识。教育就是一朵云推动另一朵云，一棵树摇动另一棵树，一旦学生和老师对话不再存有顾虑，能够做到有问即问，那么师生的交流将如同灵魂的交流一般，直抵学生的内心深处。与此同时，家长教孩子“尊师”，老师教孩子“孝亲”，从而做到“亲师合作”，将会给孩子营造一个良好的生活氛围、学习环境，从而为他们的成长创造有利条件。

可见，孩子在家里所接触到的每一种现象、每一种行为、每一种语言、每一个眼神，他们都会自我内化。在此过程中，孩子会很敏感，他们所接收到的信息都有可能成为他们“学习”的对象。善于模仿的他们，总会默默地收集所看到的一切，又默默地收为己用。当家长对孩子说长辈坏话时，他将把这种语言内化为自己的行为，也会随之表现在日常的行为中。

3. 礼为本：优雅文明是做好家长的基础

注重“礼”的培养，一直贯穿于中华民族的行为习惯中。荀子曾经说过：“人无礼则不生，事无礼则不成，国无礼则不宁。”而《礼记·曲礼》中亦记载：“人有礼则安，无礼则危，故曰，礼者不可不学也。”意思是说：一个人若有礼仪，内心则会安宁祥和；而一个无礼的人，则是危险之人，因为他的内心没有安全保障。因此，人不可以不学习礼。若说花茎是支撑花生长的依靠，是让它绽放得以与百花竞技的舞台，那么礼就是立人之本，是人成就一番事业的前提条件。

中国人常说“望子成龙，望女成凤”，成龙、成凤不应该仅仅是成绩好、学习好，更需要的是良好的文化修养。一个人的文化修养就如同一幅画的整体色调，若想给他人留下美好的第一印象，就要从文化修养、行为习惯开始进行培养。若画作上的线条精细、描绘生动，但整体色调古怪突兀，那么整幅画作也就无法让人们留心欣赏，正如著名作家梁晓声说的“根植于内心的修养，无须提醒的自觉，以约束为前提的自由，为别人着想的善良”。

父母是孩子首先接触到的成年人，他们的形象直接影响到孩子成年后对理想中男女形象的定义。钱文忠教授认为，母亲是孩子最早的老师，也是孩子的终身老师；父亲是孩子长大后，最终能够理解的榜样。因此作为母亲，无论你的长相如何，只要平时注重细节，让自己的行为举止高雅而不失文明，那么你在孩子心目中绝对是高贵而美丽的。而当做完这一切后，你收获的将是双赢的成果。母亲应当以一个女神的形象出现在孩子的生活当中，一面成为他们的偶像，一面庇护他们成长。

二、言传身教：立德成己能让孩子有最终能理解的榜样

《世说新语》里有这样一个故事，谢公夫人教儿，问太傅："那得初不见君教儿？"答曰："我常自教儿。"作为一个合格的家长，必须做到"己欲立而立人，己欲达而达人"——做好自身，"身教"绝对胜过"言传"。

人们往往重"言传"而轻"身教"，总把"言传"放在"身教"之前，认为只要用语言教化即可，并看到初步成效后就放弃了。要知道，"言传"是嘴上功夫，来得容易，去得也快。而"身教"则是行为习惯，非一朝一夕就能养成的。就好似"治根"和"治本"的问题，因而真正的教育应该是一种从内而外的变化。如何做到"身教"，则是做父母的需要研究的最重要的课题。

孔子说过："其身正，不令而行；其身不正，虽令不从。"意思是说：当你自我品行端正，做出表率时，即使不下达命令，你所管理的人也会跟着行动起来；相反，如果你自身行为不端正却要求对方行为端正，那么，纵然三令五申，对方也不会服从。教育是一种重复的行为，更深远、更长久的教育效果需要家长的"身教"才能获得。一两次的瞬间性的影响不过是混乱的"蒙太奇"，只有不断重复才是言传身教的前提条件。

《孙膑兵法·月战》有言："天时、地利、人和，三者不得，虽胜有殃。"一个拥有良好兴趣爱好、生活习惯和脾气秉性的家长，无疑拥有了天时、地利、人和。

1. 天时：建立良好的兴趣爱好

费孝通先生对孩子的心理有过这样巧妙而精彩的描述："他很像是个入国未问禁的蠢汉。他的个体刚长到可以活动时，他的周围已经布满了干涉他活动的天罗地网。孩子碰着的不是一个为他方便而设下的世界，而是一个为成人们方便所布置的园地。他闯入进来，并没有带着创立新秩序的力量，可是又没有一个服从旧秩序的心愿。"

一个新生的孩子来到这个世界上，除了最本能的吃喝拉撒外，所遇到的一切事物都成为他研究的“课题”。成人不经意的行为举止，对于他们来说都是新奇而陌生的，他们抱着好奇的心态来对待这一切，无论是好的或坏的、积极的或消极的、正确的或错误的。他们一分一秒地与成人打交道，受成人日常行为的影响并内化为自己的习惯。为此，我们要改变“为成人们方便所布置的园地”，齐心协力地为孩子创设一个“为他方便的世界”，帮助他积聚“创立新秩序的力量”，并教会他深入、充分地了解“旧秩序”，为他们营造一方安全而健康的天地。

孩子从家庭成员的身上习得的社会认识与行为图式，是行为的原则，而不是行为的细节，那么，家长就要为孩子设计行为细节，重整自己的生活模式、生活习惯和作息习惯。成人对孩子无意识的影响是存在于他们的日常交往之中的，孩子的日常行为习惯是从他们身上继承而来的传统。而当成人意识到自己的行为会对孩子产生极深的影响时，就应该有意识地设计教育内容，融入他们日常生活的行为和习惯当中，以此来消除孩子对陌生事物、难以把握的新行为和新观念的抗拒。

2. 地利：营造良好的学习环境

西汉的刘向在《列女传・卷一・母仪》中记载：“孟子生有淑质，幼被慈母三迁之教。”这是一个大家耳熟能详的经典故事，故事的内涵是：有一个好的学习环境非常重要。为了孩子的健康成长，家长要再进行一次习惯大改变，而这种习惯改变，要从改变家庭学习环境开始。

南北朝时期著名思想家、教育家颜之推在《颜氏家训》中提出：“人在年少，神情未定，所与款狎，熏渍陶染，言笑举动，无心于学，潜移暗化，自然似之。”可见，颜之推非常重视家庭教育的环境，他在《颜氏家训》里告诫子女要审视身边的人，以免因为环境而使自己误入歧途。环境的影响是强有力的，家长要不断为孩子创造良好的学习环境，从而潜移默化地影响孩子的学习。总而言之，环境对于在生长发育期的孩子而言，能起到熏陶感染的作用，更能激发他们的潜能。

因此，家长要为孩子创建一个学习的大环境，建立“让学习成为习惯”的终身学习的氛围。要改正厌学态度，让自己永远处于知识更新的状态。而改变厌学的心态，可以从阅读开始：每天与孩子共同阅读半小时以上，并记阅读笔记。年幼的孩子可以复述故事内容，以培养良好的语感。而有一定写作能力的孩子，可以在书旁做批注，家长则以孩子的视角在另一边做批注，让“父母是知识资源库”的理念成为孩子强大的学习动力。与孩子共同学习，做到他学的知识你也学，他掌握的知识你应该比他更了解。掌握历史典故，用讲故事的方式来感染孩子，永远保持自己知识的更新力度与速度。

3. 人和：拥有良好的性格脾气

孩子是一个脆弱的群体，他们的自尊和自信的建立需要家长的协助。作为父母，要允许孩子犯错。不犯错的孩子不是孩子，大人也是在犯错中才成长的。因此，家长要学会做“好脾气”的父母，来帮助孩子成长。可利用温和而巧妙的语言沟通技巧，切好孩子心理特征和心理需求的“脉搏”，给予科学合理的心理疏导，使学生认识到家长了解自己、关心自己、重视自己，引导他们完善自我认知，从而提高其行为能力，并达到改善自我的目标。

颜之推非常重视家庭的语言，他在《颜氏家训》里提道：“吾家儿女，虽在孩稚，便渐督正之。一言讹替，以为己罪矣。”他认为：家长面对稚嫩的孩子时，要注意自己的语言，避免因一言失误伤害到孩子脆弱的心灵。帕斯卡尔认为：只有依赖“情感”“爱”，人才能找到安身立命之所。在特殊时刻，父母的语言更是能够帮助孩子渡过难关。孩子在每个学习阶段，均会遭遇各种不同的压力，而父母在这个关键时刻，要学会用语言来引导孩子，为其减压。

三、结束语

中华民族用五千年的历史更迭、朝代变换，形成了重视孩子伦理道德教育的优良传统。这种集中体现了中华民族两千多年来形成的传统美德，是孩子从小学做人、学做事的基本准则，是孩子日常生活行为的规范。随着孩子年龄的增长，这种传统美德会慢慢在孩子身上发酵，使孩子由内而外散发出儒雅高贵的气质，变得知书达理，心胸宽广，在潜移默化中明辨是非美丑，规范言行举止。可见，传统美德的教化功能以最接近心灵的方式，自然地更新学生观念，有利于富有民族教育特色的、积极向上的教育体系的形成。

参考文献：

[1] 王晓毅，张齐明. 世说新语解读［M］. 北京：中国人民大学出版社，2010.

[2] 钱文忠. 钱文忠解读《三字经》上册［M］. 北京：中国民主法制出版社，2009.

[3] 费孝通. 乡土中国［M］. 上海：上海人民出版社，2007.

[4] 王利器. 颜氏家训集解［M］. 北京：中华书局，2014.

[5] 刘小枫. 诗化哲学［M］. 山东：山东出版社，1986.

涵养情绪 自多裨益

■ 蔡广丽

《中庸》首章说："喜怒哀乐之未发，谓之中；发而皆中节，谓之和。中也者，天下之大本也；和也者，天下之达道也。"这句话告诉我们符合常理、有节度地表达非常重要。要做到有节度地表达情绪，就要从小涵养情绪，让正面情绪常相伴，让负面情绪快消失。

孩子是天真烂漫的，可能前一秒哭下一秒又会笑，这是孩子的天性。但从进入小学开始，一个更广阔的天地正等待着他们，他们会遇到更多的人和事，会学习更多的知识，也会遇到更多的问题和烦恼，这就需要我们更细心，更注意他们的情绪变化。我们可以从以下几方面去涵养他们的情绪，使孩子更阳光、更积极。

一、活动强化积极情绪

人生活在群体中，群体活动也对强化积极情绪起着重要作用。

孩子进入学校，学校有班会、运动会、唱歌比赛、各个节日的活动、篮球队、吉他队、健美操队……他们在这样的群体活动中，既增强了自信，锻炼了意志力，又增强了凝聚力。

在家时，亲子小游戏、小伙伴间的游戏，都可以很好地强化孩子们的积极情绪。在我所带的班级中，家长们组织了一个“溜娃”活动，时间固定在每周五晚，大家相聚在小区楼下，孩子们一起玩滑板、捉迷藏，甚至还一起挨层去搜索我的住处，虽然他们并没有找到，但那种兴奋的表情让你觉得他们充满了快乐，而我自己也十分满足。

二、环境滋润好情绪

素雅整洁的房间、旋律优美的乐曲、风光秀丽的景色，都会滋润人的好心情。舒适的环境令人恬静，使人能静下心学习，反之，脏乱差的环境则令人抑郁、暴躁不安。学校非常重视班级文化建设就是出于这个原因，希望可以给孩子一个明亮、舒适的学习环境。那么在家时，家长不妨抽出时间，和孩子一起清理布置房间，给孩子一个宁静舒适的环境，在这样的环境下，孩子自然多一些愉悦，少一些烦躁。

三、阅读涵养情绪

“书中自有黄金屋，书中自有颜如玉。”阅读对情绪最大的作用就是涵养。

书中的故事教会我们智慧。我们读《三国演义》，了解到周瑜因度量狭小被诸葛亮气死，伍子胥因极度焦虑一夜间白了头，懂得了极端的情绪对人会有伤害；我们在《小布头奇遇记》里学会遇到困难要乐观面对并努力克服；在《一千零一夜》中学到了机智、勇敢、善良……当然还有各种各样的绘本故事，带给我们各种各样的智慧。

古诗凝结了古人的智慧，同样可以唤醒人的不同情绪体验并涵养情绪。读《游子吟》体会到感恩的情绪，读《登鹳雀楼》体会到人生的目标感和努力追求的情绪，读《赋得古原草离别》体会到了顽强的生命力和生生不息的力量……

不单是故事、古诗，还有各种各样有益身心的书，都能为孩子提供丰富的精神食粮。多读书，读好书，既涵养了孩子的情绪，又让孩子更有目标，更有追求，更加积极、阳光向上。

多活动、创造良好的环境、常阅读，涵养熏陶，对孩子的情绪自有裨益。

家庭教育，可以如诗般美丽

■ 黄淑灵

家庭教育是终身教育。家庭教育在当今社会已经被越来越多的人重视。现实生活中，很多家长在进行家庭教育时，总是吐槽这般无奈，那般辛苦。经过多年的实践总结，我发现：原来，家庭教育可以如诗般美丽！

一、做一件让世界变得更美丽的事：亲子阅读

读书可以改变一个人的气质，读书可以养气，正所谓“腹有诗书气自华”。读书可以完善自我，提升气质。书中凝结了人类的聪明智慧，阅读让我们生活的世界变得更加美好。

家庭教育，不妨从亲子阅读做起，让温馨的家因书香而变得厚实，因阅读而变得更有魅力。众人皆知读书好，却不知亲子阅读更好！它不仅延续了读书的种种好处，更重要的是有利于改善亲子关系。

可以说，当孩子还在妈妈的肚子里时，就可以进行亲子阅读了，如果一直坚持这件美丽的事，慢慢地，你就会发现：孩子是如此懂事明理、落落大方、勇敢上进。在孩子群中，你同样会惊喜地发现：自己的孩子是如此出色，亲朋好友都夸赞他是一个优秀的好孩子！如果以前没有做到这一点，没有关系，不管孩子现在几岁，上几年级，开展亲子阅读，永远不会过时。有的家长可能会

说："我家的孩子根本不爱看书，进行亲子阅读的可能性不大，而且他现在也已经长大了。"这样的家长一定是还没有尝到过亲子阅读的乐趣，更重要的是，在亲子阅读这一件事情上，部分家长缺少坚持和方法。

的确，做任何一件事，最难得的就是坚持，只要能够坚持下来，那一定会收获最美的果实。特别是读书这件美丽的事情，如果你能陪伴孩子坚持下来，你会发现原来书的力量那么大，阅读的魔力会让你们欲罢不能，一天不阅读都会感觉生活少了什么。我们都知道做一件事情，不管是顺利还是坎坷，总会经历一段"高原期"或者"平台期"，这个时候可能坚持好久都不见成效，甚至有可能变得更糟糕，但是当我们坚持下来后，终有一日你会发现事情已经在朝着好的方向改变。所以，请相信：坚持的力量无限大，坚持能创造无限可能！

一个人做事一旦拥有了毅力和信心，再加上巧妙的方法，就会收到事半功倍的效果。亲子阅读就是这样！

1. 创设亲子阅读氛围

对于不爱阅读的孩子，父母也应采取积极的应对方法。首先，父母不要总是打开电视看肥皂剧，也不要整天抱着手机不放，哪怕是自己没有阅读的兴趣，也要极力并时时在孩子面前表现出你是爱读书的。父母可以从最通俗的书刊开始，看看报纸、小说、散文、杂志之类的书籍，这既是对孩子的一种熏陶，也是培养自己爱上阅读的一种极好且极快的切入方式。其次，要适当和孩子交流阅读感受，这种交流可以是自言自语式的，也可以是调侃文章式的，更可以是好奇询问对方阅读内容式的，等等。不管是采用哪一种方式，都要以一个"书友"的身份来介入，而不要以父母的身份，以一副"居高临下"的姿态介入，此外，还要根据孩子的年龄特点和喜好来展开交流。最后，不要忘记家庭成员间轻松简单地小结下当天相处的心情，此时家长一定要记得对孩子察言观色，不能单纯听孩子所说的话。有些孩子可能比较直白，开心就开心，难过就难过，不会藏着掖着，但有些孩子可能并不是很开心，却表现出很高兴的样子，没有真正把内心的情感真实地表达出来。相信父母是最了解孩子的人，对于自己孩子的性格特点是最清楚的，所以千万不要忽略这一点。

2. 打开阅读时间和空间

亲子阅读的时间如果能固定下来，那是最好的，这样更利于帮助孩子形成良好的阅读习惯。但是如果不行或是暂时做不到也没有关系，只要有时间，就可以“见缝插针”进行亲子阅读。可以是早上、中午或是傍晚，临睡前也是一个极为不错的亲子阅读时间。空间也一样，亲子阅读可以在家里进行，也可以在图书馆、书吧、读书会、车上、公园等场所进行，家长只要有时间，就应该多陪伴孩子去一切可以读书的地方，让孩子在无形中明白：阅读，无处不在！无时不在！当孩子一抬头，就看到身边几乎都是读书人时，他们慢慢地便会养成时刻阅读的良好习惯。

3. 适时给予阅读指导

孩子在阅读的前期，可能无从下手，只是随便翻阅。不管如何，不要责怪孩子，你要设身处地为他着想，他能去阅读本身就是一件很好的事情。这时候你要做的就是陪伴和适时地指导，要相信时间的力量，静待花开。一段时间后，你会发现：不仅孩子的阅读能力得到了提高，阅读兴趣也变得越来越浓。等再过些时候，你又会发现：原来只需适时的引导，孩子自己就可以变得很好，一切都在朝美好的方向迈进！

是的，亲子阅读让父母与孩子的关系变得融洽了，让父母和孩子的心变得柔软了，思想和见识也得到了改变与提升，可谓是受益颇多。那么，家庭教育就从这件让世界变得更美丽的事情开始吧：从今天起，坚持亲子阅读！

二、每天一句感恩语

在日常生活中，家庭成员要每天说一句感恩语。可能有些家长会觉得怪异，其实完全没有必要。在初次尝试这种感恩语时，难免有些不适应，我们可以从日常生活的点滴入手，当渐渐形成习惯后，便会习以为常，而且可能收到意想不到的成果。例如，有一天我对我的先生说：“感谢你每天为我做晚饭，让我觉得自己是一个幸福的女人。”儿子听到后，马上张口说：“感谢爸爸妈妈对我这么好，给我一个健康的生命。”然后亲了一下我们，当时我们都感动得哭了，孩子能说出这样一句感恩语，说明他不仅体会到了父母对他的爱，更体会到了生命的不易、健康的重要以及父母的养育之恩。所以，从今天开始互相感恩吧，孩子会在感恩中潜移默化地受到教化，成长得更快更稳！

三、和孩子一样保持童真、简单

为什么孩子总是能笑得无比灿烂？为什么孩子能童言无忌？为什么孩子总是能开心就笑，难过就哭？大人总是羡慕孩子，就是因为孩子保有童真，他们的世界很简单。

家庭教育中，父母知道孩子哪里不对，哪里没做好，就会很着急，会对孩子进行严厉的教训。但很多时候，孩子根本不理解父母的教训，也无法接受这种教训，久而久之孩子就会变得似乎越来越糟糕，亲子关系也会变得很紧张。其实，孩子永远是孩子，在孩子成长的路上，我们不妨蹲下身子，认真听听孩子的心声，从孩子的角度去分析。如果仅是恶作剧或是出于好玩，而打了同学或是抢了同伴的物品，那就请你化身为一个善良忠厚的“小矮人”，和孩子一起变身，还原当时的情景，一边游戏一边引导孩子意识到自己做得不对，并学会调整做事的方式和方法。如果孩子当时的思想不当，确实引发了不良后果，那就不妨和孩子来一次真心话大冒险，让孩子在真心话大冒险中经历思想的跌宕起伏，进而认识到自己的错误并有主动改正的意愿。当然，在今后的生活中，家长还不能忘记适时地对其加以提醒。

试试这些方法吧！你会发现：家庭教育不只是板着脸说教，不只有打骂，也不只有逃避，它也会像诗一般美丽，让你乐在其中！

蒙以养正　润泽生命

——国学故事与少先队活动相结合的实践探索

■ 古添香

导言：

邹忌修八尺有余，而形貌昳丽。朝服衣冠，窥镜，谓其妻曰："我孰与城北徐公美？"其妻曰："君美甚，徐公何能及君也！"城北徐公，齐国之美丽者也。忌不自信，而复问其妾曰："吾孰与徐公美？"妾曰："徐公何能及君也？"旦日，客从外来，与坐谈，问之客曰："吾与徐公孰美？"客曰："徐公不若君之美也。"明日徐公来，孰视之，自以为不如；窥镜而自视，又弗如远甚。暮寝而思之，曰："吾妻之美我者，私我也；妾之美我者，畏我也；客之美我者，欲有求于我也。"于是入朝见威王，曰："臣诚知不如徐公美。臣之妻私臣，臣之妾畏臣，臣之客欲有求于臣，皆以美于徐公。今齐地方千里，百二十城，宫妇左右莫不私王，朝廷之臣莫不畏王，四境之内莫不有求于王：由此观之，王之蔽甚矣。"王曰："善。"乃下令："群臣吏民，能面刺寡人之过者，受上赏；上书谏寡人者，受中赏；能谤讥于市朝，闻寡人之耳者，受下赏。"令初下，群臣进谏，门庭若市；数月之后，时时而间进；期年之后，虽欲言，无可进者。燕、赵、韩、魏闻之，皆朝于齐。此所谓战胜于朝廷。

——《邹忌讽齐王纳谏》

"邹忌讽齐王纳谏"的故事大家并不陌生。长相俊美的邹忌，通过点明身边的人对自己的容貌进行赞美的真实动机来隐晦地提醒齐王："今齐地方千里，百二十城，宫妇左右莫不私王，朝廷之臣莫不畏王，四境之内莫不有求于王：由此观之，王之蔽甚矣"。

正所谓伴君如伴虎，身为臣子，每一句话都要反复斟酌才能说出来。邹忌说话很有策略也很聪明，这不得不令人佩服。同样的道理用不同的表达方式表达出来，其结果是完全不同的。如果把冷冰冰的数据和事实摆在对方面前，他很可能会因为真相难以接受而不承认，远不及给他讲一个充满趣味、引人思考的故事。

对于孩子也一样，与其给他讲枯燥的道理让他听半天也听不明白，不如来点生动的国学故事，这样不仅会收到立竿见影的效果，还能让他们从浅显的故事中领悟到大道理的精髓。本文尝试在少先队活动中融入国学故事，从思想启迪、行为引导、传统熏陶的角度，丰富少先队活动的内涵，探索更加有实效的少先队工作。

一、以国学故事为途径进行思想教育

习近平总书记强调："培育和弘扬社会主义核心价值观必须立足中华优秀传统文化。"

众所周知，当周边的客观环境要求与自己的主体需求不相符时，人就会产生一种强烈的反抗心态。有这种心态的孩子被称为"重注生"。要想让"重注生"适应他所排斥的环境，就需要用他们能够接受的语言与其沟通。国学故事就是一种具有强大说服力的德育语言，它在尊重汉语本质的基础上，采用符合中国人思维的言说方式，非常适合习惯于汉语语境的孩子。

精选于包括诗词、《论语》、《三字经》、《弟子规》等中华优秀传统文化中的寓意深刻、耐人寻味的国学故事，情节引人入胜，语言生动有趣，人物栩栩如生，无一例外地包含着这样的国学精髓：正义、勤劳、善良、孝悌、勇敢等。例如，当低年段的孩子犯了错，我们可以用《世说新语》里的"周处除三害"来进行教育，告诉他们：周处被称为"三害"中最可怕的一大害，当他知道自己错了后，马上改正错误，寻找名师，刻苦学习，最终成为一代名将。

孩子能在听故事的过程中冷静下来，并在聆听中类比自己的行为，最后在老师的帮助下反思并改进自己的行为。

二、以国学故事为抓手开展少先队活动

开展少先队活动是增强少先队组织凝聚力、吸引力和战斗力的有效方法。以中华优秀传统文化中所倡导的“仁义礼智信，温良恭俭让”为主题，挖掘里面的国学故事来开展少先队主题活动，可以简单明了地赋予受教育者德行发展的自主性与自为性，让少先队员们直接走向诗一般的生活和意境。例如，我们挖掘“仁”的故事。仁：仁者，人人心德也。心德就是良心，良心即天理，乃推己及人意也。子曰：“人而不仁，如礼何？人而不仁，如乐何？”（《论语》八佾第三则）意思是：“作为一个人，却不仁不义，那怎么能用礼呢？作为一个人，却不仁不义，那怎么能用乐呢？”这时，可以讲授《王莽》的故事：为了缓和老百姓对朝廷和官吏的愤恨情绪，王莽建议公家节约粮食和布帛。他自己先拿出一百万钱、三十顷地，当作救济灾民的费用。他这样一带头，有些贵族、大官也只好拿出一些土地和钱来。太皇太后把新野（今河南新野）的两万多顷地赏给王莽，王莽推辞了。王莽越是不肯受封，越是有人要求太皇太后封他。据说，朝廷里的大臣和地方上的官吏、平民上书请求加封王莽的人共有四十八万多。有人还收集了各种各样歌颂王莽的文字，一共有三万多字。王莽的威望变得越来越高，后来王莽篡夺政权，建立“新”朝，进行“复方改制”，最终失尽人心，引发农民反抗、社会大乱。这则故事告诉我们“仁”的重要性。

三、以国学故事为桥梁进行少先队建设

根据《中国少年先锋队教育纲要》与学校“生命教育扬长发展”的办学理念，结合学生年龄、身心发展的特点，总结提炼出少先队活动的主题，并根据主题分年段开展系列活动，如主题队会、国旗下展演、红领巾广播站、宣传橱窗等，其中主题队会的具体开展情况如下（以一月“民族传统感恩月”为例）。

（1）低年段，从感激父母的养育之恩开始，选择浅显易懂的国学故事——“黄香暖席”“乌鸦反哺”“羔羊跪乳”等，教育少先队员感激人间第

一情——父母的养育之恩。

（2）中年段，以感激教师培育之恩、他人关爱之恩为主，选择“曾子避席”“程门立雪”“孺子可教”等故事，引导少先队员尊敬师长、关爱他人，是感恩教育的实践篇。

（3）高年段，主要以努力学习、报效祖国的感恩教育为主，选择“精忠报国”“悲国沉江”“抗叛叱贼”“丹心正气”等故事，教育少先队员们热爱祖国，以经书圣语规范自己的行为，是感恩教育的提高篇。

总之，国学经典是中华民族的瑰宝，将国学故事融入少先队主题系列活动中，不仅丰富了学校的校园文化生活，拓展了少先队员们的知识领域，还有助于他们培养良好的品行，养成良好的学习和生活习惯，帮助他们成为求真、向善、唯美、行健的少年。

教育要“目中有人”

■ 黄淑灵

一口气读完《加德纳·艺术·多元智能》，猛然惊觉我们陷在应试教育的泥淖里，因为“目中无人”唯有分数，所以虽心怀善良却在不经意间摧毁了不少孩子的自信心和求知欲。该书综合了人类学、生理学、发展学等多门学科的研究成果，绽放出关于人类智能本质的理性思索之光，引领着我们走进“目中有人”的教育。

多元智能理论告诉我们，要树立积极乐观的学生观。因为人类的智能至少可以分为语言智能、数学逻辑智能、音乐智能、身体运动智能、空间智能、人际智能、自我认知智能和自然认知智能八种。每个孩子都有自己的优势智力领域，有自己的学习类型和方法，学校里不存在“差生”，孩子都是各具智力特点、发展方向和不同学习类型的可造之才。孩子的问题不是聪明与否的问题，而是在哪些方面聪明和怎样聪明的问题。

作为教师，我们要相信每个孩子都是一株花的种子，只不过每个人的花期不同。也许你的种子永远不会开花，那也是因为他本来就是一棵参天大树。

多元智能理论还告诉我们，受遗传和环境因素的影响，孩子之间很早就表现出兴趣爱好和智能特点的不同。在平时的教育教学当中，我们应当做到因材施教，让更多被我们认为“智能低下”的孩子获得发展的信心，为他们提供成才的平台。例如，具有音乐智能的孩子就不必用和具有语言、逻辑数学智能的孩子一样的评估标准来评价；具有身体运动智能的孩子，就应该给予他们更多在运动场上大展身手的机会……多元智能理论给孩子带来了福音，但更需要老师、父母来帮助孩子发现自己的智能天赋，抛弃传统的发展观，为他们提供多种多样的智能活动机会，在充分尊重孩子发展独特性的同时，保证孩子的全面发展。

《加德纳·艺术·多元智能》一书，不仅提供了一种崭新的多元智能理论，而且为我们从幼儿到高中阶段的孩子的多元智能培养提供了具体的模式。从多彩光谱到艺术推进均有方法介绍，使人人都可以成为多元智能培养的实践者、宣传者，这和以往的理论书籍有很大的区别。这种将理论与实践相结合、观念和操作相融合的做法，为我们学习多元智能理论带来了巨大的方便。

正如罗素所说："参差多态乃幸福之源。"作为老师，我曾经为孩子的学业成绩不理想焦虑过，为孩子之间的差异烦恼过。现在，一切皆已昭然。分数不是孩子的全部，上帝给每个人都安排了适合的生存、生活方式，我们的教育要做到"目中有人"，就要不断发掘孩子的多元潜能，促进多元智能的优化组合，使每个孩子都获得合适的发展，最终走上幸福的人生之路。

（该文于 2015 年 6 月发表于《南方教育时报》）

用“宗亲榜样人物”召唤今天的教育

——对“宗亲榜样教育的实践与研究”课题实践的思考

■ 古添香

中国古代教育家历来重视榜样教育，如：孔子常举尧、舜、禹、周公、子产等人作为榜样，教育弟子们“见贤思齐”；朱熹教育弟子“学习圣贤”；诸葛亮要求晚辈“慕先贤”。外国教育家同样重视榜样教育，夸美纽斯强调“要用良好的榜样教育学生”。洛克认为“在教育孩子的时候，与其让孩子记住规则，还不如给孩子树立榜样”。他说：“无论给儿童什么教育，无论每天给他什么样聪明而文雅的训练，对他的行为能产生最大影响的依然是他周围的同伴，是他看护人的行动的榜样。”学者菲尔丁说过：“典范比教育更快，更能强烈地铭刻在孩子心里。”可见，榜样的力量是无穷的，榜样教育对孩子的成长较之一般的教育更有成效。

一、当前榜样教育面临的挑战

这几年来，学校不断地推出新的道德榜样，力图增强榜样教育的效果。从孩子进学校开始，老师便为他们树立了无数榜样，如中华民族的伟大人物——炎黄二帝，大思想家、教育家孔子，造纸术发明者蔡伦，伟大的科学家张衡，铁杵磨成针中的李白，七下西洋的郑和，写出《本草纲目》的李时珍，表演艺术家梅兰芳等；还有国外的著名人物——亚历山大大帝，数学巨匠阿基米德，绝对天才达·芬奇，美国开国元勋华盛顿，蒸汽机的改进者瓦特，音乐天才莫扎特，发明大王爱迪生……学校甚至把这些榜样人物的头像和事迹张贴在校园的每一个角落，力图做到“让每一面墙都说话”，但发现学生心中的榜样人物日益偶像化，如杨幂、TFBOYS、Angelababy、张杰、谢娜等。此时学校的榜样教育已经陷入困境，难见成效。有学者表明：长期以来，学生的偶像崇拜与学校的榜样教育存在着对立关系，学生的偶像与学校的榜样几乎没有重叠，甚至互相排斥。学生不在乎榜样，而是不断更换偶像；学校却忙于加大榜样教育力度，希望用榜样驱走偶像。

结合学校的德育课题“宗亲榜样教育的实践与研究”，对学校长期以来坚持的榜样教育进行调查研究发现，学校的榜样教育存在如下问题：学校对孩子进行榜样教育时回避了现实生活的真实世界，一味地唱赞歌，有“假、大、空”的说教嫌疑；榜样人物的事迹与学生的生活相距甚远，使得榜样教育失真，效果很不好。翻阅相关文献，发现榜样教育现状不尽如人意的主要原因有：一是榜样形式单一；二是榜样形象过于完美，缺乏感召力；三是学生心目中的偶像与教育者树立的榜样差异太大。

再次认真研究这些被高高悬挂着的榜样人物，他们都是离学生生活年代久远的古人，他们都是一些圣人、政治领袖、道德楷模、战斗英雄、劳动模范，难以引发学生的共鸣。难怪有学者认为：现代榜样教育存在几大缺陷：一是榜样形象呆板，二是榜样种类单一，三是榜样教育方法陈旧，四是对榜样的学习要求整齐划一。

二、进行“宗亲榜样教育”研究的策略

“宗亲榜样教育”就是指组织并指导学生结合自己的姓氏，寻找并开发“宗亲榜样人物”在历史上立功、立德、立言的情况，引导学生在学习这些“宗亲榜样人物”所做出的丰功伟绩的活动中塑造学习的“榜样”，给自己的行为提供参照，从而达到激发和唤醒学生内动力，使学生从“被成长”中产生生命自觉，让学生用自己的力量成长的目的。

1. 走入历史，探寻宗亲足迹，激起情感共鸣

"榜样的力量是无穷的。"榜样比劝说、教育更有说服力、号召力和感染力，用榜样激励学生对学生的身心发展有着很好的指向作用。然而社会是多元的，人是多样性的存在，人们对生活中许多事和人都有着不同的敏感性。使人产生行动的动力需求，需要一个人的文化背景（个人价值观和生活方式）、环境等因素共同作用，个体的每一个行为、每一种思想和每一种情感，都可以归因于他的教养、习惯、理解力和所处的环境等因素。因此再好的榜样，当学习者对榜样没有兴趣时，他也不会去学习和效仿，这样的榜样便不会发挥出应有的作用。相反，如果榜样得到了学生的认可，满足了他的个性需求，他就愿意通过自己的努力去学习、去追求，从而改变自己。也就是说教师所提供的榜样，只有被学生认可，才是有效的，否则就是无效的，甚至是负效的。

"宗亲榜样教育"从开展"寻找我家的宗亲榜样人物"调查活动开始。我们每个人都有一个姓，它起源于什么时候，族谱上最早的祖先是谁，千百年来，这个姓出过哪些著名的人物等，都是调查活动的内容。活动鼓励学生利用暑假，与家长一起通过各种渠道去调查、了解"我家的宗亲榜样人物"，这些"宗亲榜样人物"可以是历史上的名人，也可以是现当代的成功人士，他们或许是科学家、文学家，又或许是村里改革开放的领头羊……他们或许曾经救民于水深火热中，又或许曾经路见不平、拔刀相助……不管他们怎样立功、立德、立言，他们的故事、趣闻，以及他们所做出的丰功伟绩，都由学生本人亲自调查所得。学生为了调查，可能上网查找资料，可能翻阅厚厚的族谱，还可能与村里最年长的叔公、伯公深聊。总之，关于这些"宗亲榜样人物"都来源于学生的生活圈，有关他们的一切不再神秘，让学生意识到他们的成就原来有这样的典故，从而得到学生的认可，使学生产生情感共鸣，激发学生效仿的动机，达到良好的教育效果。

2. 顺情而导，树立宗亲榜样，激发效仿意识

学生的思维方式以形象思维为主，特别是低年级的学生，抽象思维还没有发展起来，而形象思维发展较快，因此越具体形象的事物越容易被接受。而且，学生的人生是从模仿周围生活中的人开始的，他们常常以周围的人作为自己的效仿对象，然后以特定的方式把效仿对象的优良思想、善良品质、美好行为在自己身上再现出来，并逐步内化为自己的特征。因此，教育者可以巧妙地利用这些特点来引导学生模仿他们身边的先进典型。

“宗亲榜样人物”展示活动，就是鼓励学生把自己的调查结果以手抄报、调查报告、小故事的形式记录下来，并张贴在校园的“宗亲榜样人物”中，借此激发学生的自豪感、自信心。这些“宗亲榜样人物”不但是学生亲自调查所得，而且是学生同姓中的“长辈”，更有可能就是身边的叔叔、伯伯，甚至有可能就住在隔壁。学生的身上流淌着与这些“宗亲榜样人物”一样的血液，身体里有着与这些“宗亲榜样人物”一样“成功”的遗传基因，他们与这些“宗亲榜样人物”是一脉相承的。这样的榜样带有亲近性，容易被人接受并效仿，这些“具有血缘关系”的“宗亲榜样人物”不用去远方寻找，不用去抬头仰望，他们就在学生身边，不仅可望而且可即，同时融入乡情的自豪感，乃是真切的学习原动力。这些“宗亲榜样人物”所表现出来的优良的思想、善良的品质、美好的行为，更容易为学生所接受，促使学生主动效仿。

3. 外化于行，学习宗亲榜样，激励自我上进

学生认识事物总是从具体到抽象，从行为到思维，只有通过模仿、学习这些“宗亲榜样人物”的具体模范言行，才能逐步升华到精神、品格的把握。“宗亲榜样人物”的活动正是选择了贴近学生生活、可供学生模仿的具体言行，即具有可学性或可操作性的“宗亲榜样人物”。这些“宗亲榜样人物”都是学生身边熟悉的人物，与学生的现实生活很接近。将拥有一样生活空间的“宗亲”作为榜样，就使得学习的对象变得不再神秘，而是看得见、摸得着、追得上的。由此可见，熟悉的“宗亲榜样人物”对学生的说服力更大，因为这些人物具体、生动、形象，容易为学生所接受和模仿。

“宗亲榜样人物”资源中蕴含着政治、军事、文学、科学、医学、外交等无数学科名人。他们有的德高望重、学识渊博，有的报效祖国、大义献身，有的钻研技术、精益求精，有的尊老爱幼、扶助邻里……这些名人，都因为跟某个学生同姓同宗而成为他们学习和效仿的对象。“宗亲榜样人物”的“人格魅力”成为学生端正品行、修身养性的动力。学“宗亲榜样人物”，确立远大志向，树立正确的理想信念；学“宗亲榜样人物”，规范行为习惯，培养良好的道德品质和文明行为；学“宗亲榜样人物”，从提高个人基本素质做起，促进德智体美劳“五育”共进，全面发展。这样的方法、途径，由于步骤清楚、目标明确，便于学生去躬行践履，不会让人产生“说教”或“灌输”的生硬感。

4. 内化于心，升华榜样意涵，修正言行举止

古人云，“感人心者莫先乎情”，“情动于中而形于外”。“内化”，这里是指通过教育将社会主义核心价值观转化为学生的自我要求，并付诸行动。在价值观教育中，学生效仿榜样，是通过比较、内省的形式进行的。在这个过程中会出现敬慕、羞愧等心理，产生目标、情感和行为上的追求，从而引发自我教育及反思。

学生一旦将某个“宗亲榜样人物”确定为学习榜样，也就明确了未来的行为目标，从而修正自己的言行举止，使之趋向完善。如今有些学生较为脆弱，在小灾小难面前不堪一击，更毋言天灾人祸。就学习方面而言，惰性往往滋长了学生的不良习性，如抗拒学习、怕吃苦，依赖他人，逃避责任等，不论家长如何说教打骂，不论老师如何软硬兼施，均不见效。自从开展系统有效的“宗亲榜样教育”后，平时爱睡懒觉、看电视、玩游戏、荒废学业的学生，一旦理解了这些勤奋好学、积极上进的宗亲名人的故事，在与这些“宗亲名人”交流沟通后，便将其视为榜样，无须老师苦口婆心，当他稍稍怠慢学习时，只要师长朋友稍加提醒，一个眼神、一句轻描淡写的责备就能激起其内疚感、紧迫感，进而转化为自我督促、自我鞭挞、自我奋进的动力，自觉修正言行举止。

综上所述，“宗亲榜样”可称为学生自我审视的一面镜子，“宗亲榜样”的教育顺应了学生身心发展。探寻宗亲足迹也好，树立、学习宗亲榜样也罢，教无定法，贵在得法，各类形式，无不于潜移默化中影响着学生的一举一动，外化于行，内化于心，并有所超越，促进学生健康成长。

参考文献：

[1] 魏曼华. 我国中小学生学习与发展调查报告 [J]. 青年研究，2000（1）：4-5.

[2] 雷开春，孙洪彬. 关于青少年榜样教育与偶像崇拜的心理调查及思考［J］. 青年研究，2000（5）：30–35.

[3] 范中杰. 论青少年榜样教育的时代特征［J］. 教育科学，2001（5）：49–50.

简单·用心

■ 黄淑灵

教育教学是一门艺术。它不需繁杂的打扰，只要用心，简单的教学方式也一样重要。

走在教育的大路上，时刻用心、用简单的心态去做好工作，便会发现教育教学并不枯燥。例如低年段的学生天真活泼、纯洁无邪，对一些新奇古怪的东西特别感兴趣。我们抓住学生这一有趣的特点，在班级管理及语文教学中采用“集印章，换抽奖”的方式教育学生。通过几年的实施、总结发现，这一方式对低年段的学生有非常大的吸引力，学生常常为了集得印章抽奖，课上认真积极，班级各项评比中勇于争先。具体做法：在各项评比中，学生表现得好就盖个印章，每集满15个印章，就可抽奖一次，用过抽奖的印章就画掉，不能再用。表现得不好，或是给班级扣分的，就相应地扣掉印章。15个印章很容易就可以积到，最刺激的就是抽奖的那一刻。学生满心欢喜、充满期待地前来抽奖，为的就是那神秘宝物箱里的心仪之物，如若抽到自己喜欢的东西，自然是兴奋不已；抽到不喜欢的，也不会气馁，只会更加努力。如此简单的方式就激起了学生积极进取的向上之心。

刘向在《后汉书》中总结到：与善人居，如入芝兰之室，久而不闻其香！同理，与低年段的学生相处久了未免也会变得更加单纯直接。例如，为了把简单的抽奖一事做好，我平时就非常注意去收集生活中的一些小玩意儿，如旅游时见到有趣好玩的东西都会收集好带回来做奖品；阅读一些新书，与时俱进地用一些新思想来充实并武装自己；参加一些有意义的活动，可以是高雅的古琴、交响乐，或是有趣的亲子活动等；节假日的“吃喝玩乐”也常是惊喜连连，如一盘精心制作的菜、一个村居的文化、一处崖缝中挤出的芽尖；不定期每月抽出时间去看三四场电影，从开始的动画片到后来的科幻片和文艺片，自己无不惊叹于制片人和导演的创意：没有做不到，只有想不到。世界那么大，文化这么广博，生活如此精彩。教育教学也是如此，感恩带给自己灵感的这一切，同时也正是因为自己的用心，才能发现这些生活中的美。

这世上并不缺乏水源，缺的是用“心”做事的人，正所谓“直缘多艺用心劳，心路玲珑格调高”。

以“二十四节气”为主题的小学语文课程实践

■田 薇

“日月盈昃，辰宿列张，寒来暑往，秋收冬藏”，神奇的二十四节气，是内容丰富的文化宝藏，是中华民族破解自然之谜的智慧密码。2016年11月30日，中国申报的“二十四节气”被批准列入联合国教科文组织《人类非物质文化遗产代表作名录》。“二十四节气”的申遗成功，是对中华优秀传统文化的尊重和保护，学会挖掘、继承中华优秀传统文化，并将其发扬光大是每个炎黄子孙的使命。特别是作为一位教育工作者，如何通过构建“二十四节气”校本课程，让学生参与校本课程的实践，从而认识并弘扬优秀传统文化呢？对此我有如下几点思考。

思考一：为什么要构建节气课程

“二十四节气”是中国古代一项伟大的发明，是中华优秀传统文化的载体，体现了中国人传统的大自然观。节气是人在与自然长时间的交往中总结出的科学规律，用于指导人们的农事活动。它包括立春、雨水、惊蛰、春分、清明、谷雨、立夏、小满、芒种、夏至、小暑、大暑、立秋、处暑、白露、秋分、寒露、霜降、立冬、小雪、大雪、冬至、小寒、大寒。千百年来，“二十四节气”已成为人们生活的一部分，人们以独特的行为方式传承和延续着节气文化，从而形成了中华民族独特的民俗和文化现象。但如今有很多学生沉溺于“三片文化”的消费（微软芯片、肯德基薯片、好莱坞大片）之中，令人担忧。有人曾在城市地区对小学生和成人做过“二十四节气”知识的相关调查，成人对“二十四节气”知之甚少，反而小学生知道的相对较多，但也仅限于名称，对于“二十四节气”的由来、用途、特点等都不清楚。“二十四节气”的发展出现了“边缘化”危机，渐渐与传统文化越来越远，与大自然越来越远。

课程，是学校教育的核心，最早出现在宋代朱熹的《朱子全书·学六》中，“宽着其限，紧着课程”，大意是学习的范围和进程。西方的“课程”一词源于拉丁语，本意指跑道，转义为学习路线，再发展为有计划的学习进程。

21世纪，中国中小学教育改革的最强音无疑是“课程”，课程改革成了当代教育改革的标志。从“教学”到“课程”，从“教学大纲”到“课程标准”，乃至“校本课程”“短课程”等诸多新名词的层出不穷，无不表明当前教育改革日趋活跃与深入。以“二十四节气”为主题的小学语文综合实践校本课程的研究，不仅改变了传统的教学模式，还进行了课程整合，从而有利于打造高效课堂，使学生不仅可以掌握优秀传统文化，还能掌握一定技能，并在不断的实践中有所创造，提高自身综合素养，达到以活动育人的目的。

思考二：“二十四节气”如何成为学生的课程

卢梭认为，儿童的天性就是自然对人类的发展的规定性，也是人身上的自然性。他所推崇的“自然教育”，就是任由学生身心自由发展，服从自然的法则。中华民族的“二十四节气”，作为中国传统文化的载体，是人类了解自然的一座桥梁，是打开大自然之门的钥匙。一年当中的自然现象都与节气有关，贯穿“二十四节气”这条线索，能够让学生更好地了解自然的规律，感受自然的奥秘。

因此，节气校本课程的总目标是以“二十四节气”传统文化实践课程为载体，使学生了解“二十四节气”的基本知识，了解与“二十四节气”相关的民俗和文化，感受自然的变化，增加学生亲近自然的机会，强化学生热爱自然、热爱中华民族优秀传统文化的情感。

在内容的选择上，则以目标为基础，以优秀、健康、积极向上，正面反映生活的题材为标准，注重生活性及操作性，与学生的实际生活相贴近。

"二十四节气"文化系列：以农历时间为线索，根据四季变化学习诗词、民间故事、童谣、书法、考古、对联、谚语、民俗、名家名篇等内容，全面呈现中国农历文化，不断诵读、积累和内化语言。

"我眼中的节气"笔记系列：在学习完一个节气后，可以鼓励学生走出课堂，来到户外寻找自然景物进行拍照，还可以为自己拍摄的美图选择一两首诗文，结合节气知识，自己排版设计、书写、着色，提高学生的观察和表达能力。它可以看成学生自己的一本手绘节气书，这项作业能很好地体现出学生对时令、诗歌以及美的理解和重构。

综合性活动展示系列：学生可以以朗诵（个人秀、小组诵）、舞蹈、吟唱与"二十四节气"相关的板报、专栏等形式秀出自己在这一季中的学习感悟。

思考三："二十四节气"如何与语文学科相融合

"语文学习的外延与生活的外延相等"，生活中处处皆语文。《全日制义务教育语文课程标准》指出，"语文是实践性很强的课程，应着重培养学生的语文实践能力，而培养这种能力的主要途径也应是语文实践"，语文"学习资源和实践机会无处不在，无时不有。因此，应该让学生更多地直接接触语文材料，在大量的语文实践中掌握运用语文的规律"。

作为母语课程的语文，按照常理来说应是学生最爱学，也最容易学好的，然而事实恰恰相反，结果更让人担忧。问题究竟出在哪里？语文被"框"在语文书中，被"拦"在钢筋水泥的教室之内，没有接触到生活的"源头活水"，显然是其不可忽视的原因。我们的校本课程以"二十四节气"为纵线，以听说读写能力训练为横线，借助"节气"打通语文与生活、自然的天然通道。

以"遇见二十四节气之冬至"课程为例介绍我们的校本课程。首先以古文字"至"导入，通过猜字、悟意、谈论，让学生了解"至"的意思，并引出冬至这一节气。紧接着，充满智慧的学生各出奇招，用简单有趣的方式展示他们小组合作搜集的关于冬至知识的成果。有的小组通过视频讲述冬至的由来，有的小组通过表演的方式讲述冬至的美食，有的小组用精彩的手抄报展示冬至的习俗，还有的小组用简单易懂的方式介绍九九消寒图。然后，老师带领学生用多种方式诵读《冬至节》，富有韵味地吟诵白居易的《邯郸冬至夜思家》，还和学生一起品读了《冬至，夜晚最长最温暖》。最后，学生还写下他们对冬至的愿景，期待冬至那天与家人团聚的美好。教师在讲授冬至节气知识的过程中融入习俗、古典诗句等，学生在吟诵中感受到了古典诗句的优雅与美好，在搜集、交流的过程中也对传统习俗、文化有了更深的体会。如此一来，节气课程将传统与现代打通，把文学、科学、信息技术、音乐等多学科知识融入课堂中，让孩子们全方位体验“二十四节气”的魅力，让优秀传统文化浸润学生的心灵，也实现了跨学科整合学习的目标。

如果“二十四节气”是一门课程，那教师到底要教什么呢？有人曾说，教师进行传统文化教育，就是通过传统文化教育实现育人的根本目标，这里的“育人”说到底是要培育出具有中国文化基因和血脉的地道“中国人”。也就是说，“二十四节气”校本课程作为传统文化教育的载体，归根结底是一种关于“中国人”的教育，是使学生从一个自然人成长为一个中国人的过程。

如果“二十四节气”是一门课程，我想它应该是一门将科学性、人文性、实践性融于一体的拓展性课程，是一门每一位教师都应共同去开拓创新的课程。每位教师都可以是课程的开发者、执行者，也都是优秀传统文化的传播者、弘扬者。

综合材料艺术对中国传统文化教育的影响

■ 陈泽晞

国家文化是一个国家在政治、经济等有形建设不断发展的基础上逐步形成的精神积淀和思想形态。中国传统文化是中华民族数千年逐步积淀形成的具有中国传统特征的物质及非物质文化，洋洋大观，包罗万象。著名科学家爱因斯坦曾坦言，西方科学知识发展的奠基有两个不可忽视的伟大成果，其中一个是在阿基米德的几何学中产生的形式逻辑，另一个是通过系统有序的实验找出因果关系。这两个成果分别于古希腊时期和文艺复兴时期形成，而这些伟大理论在中国都已有成果产生。中国在科学技术上的成果可以说明一个基本的问题，即优秀的中国传统文化不但自身熠熠发光，更是各个学科的基石。作为一名教育工作者，在义务教育阶段融入中华传统文化的教学内容，强调教授和传承中华传统文化则是德育教育教学研究中的本质所在。

艺术教育在全学科教育中是不可或缺的，其主要教学意义首先是在整个教学阶段培养学生的审美意识，加强学生对美的感受和认知，提高其美术及文学素养；其次通过艺术课程教育，培养学生的思想及德行，形成一个完整的思想品德体系；最后则是通过基础的艺术知识教育和技能训练，培养学生的原创意识以及为日后职业选择和社会工作提供参考。现阶段的艺术教育除传统意义上的绘画之外，还融入了相应的综合材料美术实践课程，如使用软陶材料制作中秋节月饼造型、以画报拼贴方式表现十二节气的特性、利用塑料瓶和易拉罐制作节日灯笼等，这些均使用综合材料的表现手法来进行传统文化教育。同时，与不同课程内容相对应的课程教学材料也有相应的变化。在课程内容和类型不断变化丰富的过程中，将中国传统文化融入其中则愈发体现其特色和价值。

在科学技术手段不断更新和现代文化不断发展的历史背景下，我国的传统文化教学成了教育教学中较为薄弱的环节之一。当今接受九年义务教育的新生一代对我国的传统文化可以说是知之甚少，濒临出现文化断层的现象。基于这个教育教学前提，通过加强美术课程中的传统文化教育，可以更加直观地从增强参与感的层面上增强学生的民族意识和传承使命感，而非简单地停留在口头和书面上，单纯地使学生作为一个旁观者去理解中国传统文化。尤其是在综合教学的美术课程中，传统文化的融入更为生动灵活。

一、中国传统文化在艺术教育中的体现

中国传统文化是中华民族在生产、生活中长期积累下的劳动成果和智慧结晶，是现代文化得以发展的稳固基石，同时也是中华民族赖以生存的重要精神支柱。在不胜枚举的中国传统文化中，思想、语言、文字是所有分支的主体，其他相关的文化产物则基于它的根基呈网络状不断发展延伸。人们在满足了自身的物质需求后，衍生了相应的书法、音乐、曲艺、民俗、传统节日以及民间工艺等精神文化产品。

当今社会环境下，学生获取信息的途径越来越多，信息传输量和速度已达到唾手可得的程度。即使在日常工作、学习中没有明确强调传统文化的地位，但中国传统文化已对现代人的生活进行着潜移默化的影响，如传统节日、二十四节气、传统手工艺装饰品等精神产物的应用。而在教育过程中，通过施教者组织使用综合材料艺术的形式来加深其印象，强调其重要价值，则是传习传统文化非常重要的一个途径，如组织学生收集废弃商品包装、拆卸重组现成的电子器材等，或是将柔软的毛线材料涂胶硬化制作节日代表物的结构线、将坚固的石材经过布料包裹柔化处理等反转处理方法制作成节日“食物”，抑或在课堂上组织学生将各自准备的综合材料互换，临时进行传统文化主题设计等课堂趣味性活动。

在美术教育课程中，针对传统文化部分的内容相对较少，教育者会无意识地忽略传统文化在该学科教育中的重要性，以及学生作为教育主体学习的内容和传统文化之间的碰撞。

在外国文化不断输入的前提下，新一代对新鲜文化的吸取大于对中国传统文化的重视和了解，这一情况给中国传统文化的传承和发展造成了一定程度的威胁。例如，西方外来节日，如圣诞节、感恩节等的输入，在一定程度上影响了中国传统节日的传承和推广。所以对于当下的美术教育，传统文化不应故步自封，而应该和外来文化共同前行，以其丰厚的历史背景和内涵魅力吸引中国新时期新生代的注意力。美术教育作为一门文化实践学科，在这一工作上将承担绝对的重任。传统文化在和新文化接轨融合的同时，也会在课堂上带来多元化的教学及学习体验。

现有的美术教材和课程设置中已经有了一定的传统文化的体现，那么授课教师就可以将相应的传统文化课程的授课时间设置在相关节日或节气的前后，从而强调和烘托相关节日气氛，在对传统文化中的“二十四节气”进行讲解的时候，可组织学生利用不一样的、有特殊意义和季节限定特征的综合材料艺术表现方式进行作品表达，在每一个节气时间节点组织学生到大自然中收集这一节气的自然植物素材，如立春时节采集迎春花的花朵制作标本，夏至时节捕捉肥硕的知了进行观察，秋分时节积攒不同颜色的落叶制成书签，大雪时节组织学生到室外铲雪集雪，进行雪雕创作。将自然的产物作为综合艺术材料融入我们的艺术教育课程当中，增添教师教学的趣味性、有效性，增强学生学习的主观能动性。

通过课程教育使学生更好地了解并掌握传统文化，是在文化课程中相对直观的一个方法，学生可以通过欣赏影像内容、搜集图像及文字资料、动手制作含有传统元素的模型等各种参与方式进行传统文化的学习和吸收，其好处在于更易于理解并加深印象。

对于传统文化在艺术教育中的融入，第一是用传统文化增强学生的民族自信心和自豪感；第二是提升学生的文化艺术素养，引导学生提升审美内涵和综合素质；第三是完善学生的知识架构，扩展其知识广度。

二、美术教育中综合材料的使用

美术创作的发源可以追溯到人类文明产生之前，人们用石头或其他材料在洞穴的墙壁或地上刻画其生产、生活场景，通过象形的方式进行记录。此时在材料资源的限制下人们进行记录的条件有限，当时的材料逐渐无法满足人们的需求，人们转而在纸上作画。在人类文明不停积累的前提下，美术创作的技法、形式、材料也逐步地从单一的属性拓展、丰富、完善。

综合材料应用到美术作品中源自西班牙现代派画家毕加索于20世纪创作的《瓶子、玻璃杯和小提琴》。这幅作品以废旧报纸为材料，通过拼贴的方法增强图像中形状和肌理的表达。这一形式的绘画表达，突破了传统绘画方式的禁锢，出现了多种美术创作材料的产生和使用，引导艺术家们对于新型材料和新型创作媒介进行关注和研究。于是立体派开创了"综合立体主义"风格和综合材料绘画的开端。

目前在义务教育阶段的美术课程中，常根据课程使用不同的绘画工具，如水彩笔、油画棒、毛笔等基础绘画工具。首都师范大学教授尚扬提出，应该在美术学习和创作中增强综合材料的使用，扩展思维和创作模式的自由性以及可能性。也就是说，在选用创作材料时，可以全方位地考虑各种日常生活中可得的材料并进行整合，从而再次进行创作。

当下在美术课堂上可使用的材料种类相对明确，如纸张、笔材、颜料、可塑软性材料、辅助工具，在融合综合材料进行时，可将纺织品、金属材料、自然材料、废旧物品、现成品材料等投入到美术综合课程中进行教学和制作。使用不同特质的材料进行美术表达，会有完全不同的质感效果，如金属材质特有的光泽感、丝绸材质的柔顺感、羊毛材质的温和感、植物材质的自然感等，通过创作者赋予其不同的表达含义，综合材料在美术教育中可以发挥出其特殊的作用。

不同类型的材料在创作利用时，可以使用不同的处理手法，如折叠、剪切、粘贴、揉捏等方式，从而改变材料的肌理和方向。通过不同的手法，可以改变材料的语言表达，改变材料的内部结构，转换其表现能力和强度。

在义务教育阶段的课程中使用综合材料，首先可以有力地拓展美术创作材料的使用范围，丰富课堂和教学内容，扩展课堂的广度和深度，改变教师的教学方式和学生的学习模式；其次是在九年义务教育阶段，学生的思想相对灵活，想象力较强，利用综合材料进行学习和作业可以提高学生对新事物的认知能力和创造力，提高其艺术感知能力；最后则是更加顺应德育艺术教育教学的发展趋势。艺术教育除了传承传统的创作技法之外，还需要承担相应的创作使命。综合材料的出现与使用更能反映和强调创作者的主观想法和创作独立性。可以说，综合材料的使用不仅能够起到传承的作用，同时能发展结合创新教学模式的美术课堂。

三、综合材料在中国传统文化相关教育中的应用

使用综合材料的艺术表达形式进行中华传统文化的相关教育，以丰富的形式有趣、有序地进行教育组织活动，做到知行合一，系统全面，授课教师和学生可以全程参与到学习研讨实践的各个环节中。

在实践课程中，传统文化和日常生活关联较紧密的一个分支——中国传统节日的学习可以有效地调动学生的参与性和积极性。由于传统节日和生活息息相关，即使没有进行系统的学习，绝大部分学生对传统节日也会有一定的了解和认识。传统节日相关课程首先具有较强的过程性特征，也就是说，课程的重难点不在于课程结束后所达成的目的和成果，而在于随着教育教学的逐步展开进行深入的思考和学习，通俗来讲即寓教于乐，在探索中寻求主动学习、主动收集信息的乐趣。其次是传统节日实践课具有相当的开放性和多元性，通过前期调研准备、中期参与实践、最后成果总结等多个阶段，使学生主动参与到整个教学过程中，提高学生的个人整合能力、增强学生的传统民族节日参与感和传统民族文化自豪感，从而加深记忆和学习深度，实现有效的德育教学，形成良好、完整的价值观、人生观、世界观。

在美术教材可以和中国传统文化进行关联的课程中，相关的课程任务安排即可以将综合材料艺术表达形式和传统节日文化传授相结合进行。综合材料艺术表达形式在传统文化教育上的课程应用是以学生为主体、教师为辅助的特色表达。所以在进行课程教学的时候，通过使用综合材料，如杂志报纸、塑料制品、美术彩泥、布料纽扣等与美术课程相关或不相关的实用材料，可以强化

传统文化教育对学生产生的影响和熏陶，使课堂体验更具有仪式感和多元化特征。

以传统节日——端午节课程为例，课前，学生搜集并了解与端午节相关的基础知识和历史典故，之后教师组织学生采用多种材料共同完成节日主题作品的制作，作业模式采用平面和立体相结合的方式。在课堂作业阶段，学生通过绘画的形式“重现”端午节的相关典故场景，如屈原立于江边、民众制作粽子、江面竞赛龙舟，其综合材料艺术的表现在于软泥和金属丝的结合使用，模仿制作相关的人物形象、节日食物、江面龙舟等形态，让其立体现呈在纸张上。将平面和立体、传统和创新结合起来共同表现端午节中丰富有趣的传统节日活动。通过美术教学中的艺术进行中华传统文化的教育和传承，实现传统爱国主义教育，让学生直观有效地体会到端午节所蕴含的“以天下为己任”的爱国情怀，并引发学生对伟大人物的深刻追思。

综合材料艺术在基础教育阶段的发展引领学生参与到艺术实践学习中，在传统创作方式的基础上增加创新性的创作手法，成为对传统教学模式的补充和拓展。从改变传统教育教学的方式上督促学生进行自主学习，使学生接触更多元化的知识内容，不断地更新自我知识范畴，激发其探索实践精神，从而不断挖掘出更多新兴综合材料。

在基础教育阶段的教育课程中，通过使用综合材料进行传统文化教育最突出的一点即为基于传统文化的传承需要，明确了中华传统文化在现代教育中的重要地位，其承载的精神文明、节日传统、饮食文化等一系列民族民俗特征，都完整地表达出民族传统文化中所蕴含的道德品德、人文内涵、民间智慧。通过多元化的表现手法在课程中塑造食物、着装、装饰等实物模型，创新传统文化传承的模式，增强学生对传统文化的归属感和认同感。从学生的艺术性和品德两个方面对其进行深入且广泛的传统文化教育，更有利于中华传统文化积极坦然地应对来自外界文化的挑战和冲击，不断巩固和提升其在中国年轻一代知识储备中的地位。

在课程教育的过程中完成对中华传统文化代代相传的任务，确保传统文化以人为核心和载体，全面提升学生的历史素养、艺术感知能力和德育水平，为传统民族文化的传承提供有力的后盾支撑，完善其积极的历史意义和人文价值。

小学情境国学校本课程设计研究

■ 李银姬

一、研究缘起

国学是中华文明的根源和灵魂。国学经典对于中华文明的传承、民族精神的弘扬，以及爱国情怀的培养至关重要。当前“国学课程”“国学培训”等话题在“国学热”的带动下广受学界和社会的关注，选择“小学情境国学校本课程开发与实施”作为研究对象，主要基于以下三个方面的考虑。

（一）政策支持

党的十八大以来，习近平总书记所做出的一系列重要指示都涉及中华优秀传统文化的传承与弘扬，也在不同的场合强调传统文化教育、国学教育的必要性和重要意义。在党的十九大报告中，习近平总书记进一步强调中国特色社会主义文化源自中华民族优秀传统文化，要深入挖掘中华优秀传统文化所蕴含的思想观念、人文精神和道德规范，并予以继承创新，让中华优秀传统文化展现出永久魅力和时代风采。

2014年教育部发布《完善中华优秀传统文化教育指导纲要》，[①]要求推进大、中、小学中华优秀传统文化教育一体化，注重整体规划、分层设计，以培养富有民族自信心和爱国主义精神的社会主义事业建设者和接班人。同年，教育部工作要点提出，将“四书五经”等国学经典纳入课本，尤其有关德育和语文教材中优秀传统文化的内容占50%以上。2017年1月25日中共中央办公厅、国务院办公厅印发《关于实施中华优秀传统文化传承发展工程的意见》（简称“两办国学传承18条”），其中就包括了中华经典诵读工程、中国传统节日振兴工程、中国经典民间故事动漫创作工程等多项与青少年成长密切相关的传统文化工程项目。

传统文化、国学教育在国家层面广受关注的同时，在深圳“文化立市”战略的指导下，笔者任教的L小学所在的深圳市B区，有18所国学教育示范学校得以创建。2013年，B区制定系列文件，通过形式多样的优秀传统文化教育进校园活动，为中、小学生接受优质的传统文化和国学教育提供强有力的保障。

（二）社会需要

当前正处于工业化社会向后工业化社会过渡的重要转型时期，工业社会物化、标准化的价值追求已无法适应当今社会发展的需求。在多元文化急剧碰撞的时代，中华民族要实现伟大复兴，就必须大力弘扬中华优秀传统文化，从国学教育中汲取思想养料，彰显文化的力量。

在“国学热”居高不下、国学教育广受关注的大背景下，小学国学教育急需解决“为什么教学？”“教学什么？”“怎样教学？”等一系列问题。

著名中国古典文学研究专家叶嘉莹先生曾说过：“中国传统的教育方法是合乎人的自然成长阶段的。小孩子的特点就是记忆力强而理解力弱，因此这个阶段就是要让其‘囫囵吞枣’式地记忆大量国学内容。等将来理解力上升以后，早年记忆的国学内容就会被自动调取，成为其‘取之不尽，用之不竭’的宝库。”

---

① 教社科〔2014〕3号文件，引自教育部门户网站http://www.moe.gov.cn/srcsite/A13/s7061/201403/t20140328_166543.html。

然而，作为基层教育工作者，我们发现了传统经典“背诵难”的问题。小学生记忆能力强，因此所谓的“背诵难”并非背诵不下来，而是“不喜欢背诵”“不爱背诵”“被逼背诵”。这种情况引发了教育者的思考：一是并非基于儿童兴趣、远离儿童生活实际的经典背诵是否会让儿童产生对国学的抵触心理，与其内驱力作对的国学教育是否方向有差？二是国学教育的目的为何？是为了让儿童多年后想起背诵的内容慢慢感悟，还是从当下起就能让儿童体会到国学之美、传统文化之宏大，进而将国学与其生活实际紧密相连呢？很明显，后者更有说服力。

此外，身处全国经济发展最前沿的大都市，深圳的儿童有其自身的特点。虽然他们绝大多数人不至于拥有“金山银山”，但是他们却少有机会拥抱“绿水青山”。这个现实与深圳颇高的城市绿化率形成反差。工作的快节奏、学习成长的压力和烦恼、每天住在其中和推开窗即可见到的钢筋水泥麻木了很多儿童的审美与好奇心，但他们的天性又想拥抱这些东西。他们虽然可以跟着父母去旅行，感受各地的自然风光、风土民情，但是更多时候只是走马观花，缺少自己的感悟和思考。此外，深圳的儿童对于电子产品的热衷多于对自然的热爱，与五年、十年前相比，更多的儿童喜欢“宅”在家里与电视、电脑、智能手机为伴。这种情况也引起了家长的担忧和重视，学校、家长和社会都希望能够让学生充实对自然美、内心关照、文化自觉的感知，于是，“情境国学课程”也就应运而生。

（三）学术追求

与社会上持续升温的“国学热”相比，当前学界对学校国学教育的关注度并不算高，一方面专门性的理论研究著作缺乏；另一方面研究成果参差不齐，成果来源层次较单一、整体水平有待提升。但是国学校本课程研究呈现出的“下沉”势头，即基层学校、幼儿园以及一线教师所做的研究占相关研究的多数席位。因其与课堂、活动的紧密结合，学校自然是校本课程的研究者、开发者、反思者，他们因此而成为国学校本课程研究的生力军。国学校本课程的开发、实施中，一线教师的广泛参与使得对国学课程的研究走出大学学者和研究机构的象牙塔，走向草根。虽然研究仍有很多不足，但是其呈现出来的生机和动力仍有利于拉动该领域的理论与实践向前迈进。

拉尔夫·泰勒曾在《课程与教学的基本方法》中提到："学生只有在符合下列两个条件的情况下，才较有可能察觉生活情境与学习情境之间的相似性：①生活情境与学习情境在许多方面明显相似；②要为学生提供寻找在校外生活中运用校内可得内容的事例的练习。"[①]因此，"小学情境国学"课程模式的建构，需要在两个方面下足功夫，即情境的贴合性和课程内容的实践性。我们需要结合相关理论研究，将"情境国学课程"模式充分论证、反复打磨，使其成为具有较强操作意义和教育价值的国学课程模式。

二、理论基础与核心概念的界定

（一）理论基础

1. 情境认知理论

情境认知理论可追溯至建构主义、文化历史学说和实用主义等理论。当代情境认知理论形成于20世纪80年代中后期，是认知心理学的一个重要分支。该理论诞生的一个里程碑式事件是1987年瑞兹尼克的论文《学校内外的学习》在《教育研究》杂志上的发表。[②]对情境认知与学习理论进行系统、完整论述的是1989年的论文《情境认知与学习文化》，该论文由Brown、Collins和Duguid联合发表。[③]20世纪90年代以后，情境认知理论影响了包括基础教育、成人教育、高等教育在内的教育研究各个领域，该理论认为学习具有以下五个特征：

（1）情境性。情境性强调情境具有线索引导功能，对于知识的记忆是有帮助的，它是学习发生的必要条件。

（2）探究性。探究性强调学习者必须面对问题的解决，而问题的解决需要依托于真实的情境。仅从老师那里得到解决问题的方法不利于专业思维

---

① 拉尔夫·泰勒．课程与教学的基本原理［M］．北京：人民教育出版社，1994：13.

② 乔纳森．学习环境的理论基础［M］．郑太年，等译.上海：华东师范大学出版社，2002：27.

③ Brown，J，Collins，A and Duguid，P.Situated Cognition and the Culture of learning［J］. Educational Researcher，1989，18（1）：32-42.

方式的形成。

（3）实践性。实践性强调实践活动的参与对于学习者而言是非常有必要的。学习者专注于与专业领域相关问题的发现、分析和解决，而不只是对学业成绩有所关注。

（4）真实性。真实性强调真实事件中学习的生成。情境学习的真实性被布朗等人划分为认知真实性和物理真实性两类。认知真实性是指向专业活动的真实过程，物理真实性是指向实践场所的真实性。

（5）主动性。主动性强调多种学习资源的提供，如真实而有趣的问题情境地提供，学习中成就和意义感的生成等，以此激发学生学习的主动性。

本研究基于情境认知理论产生了“情境国学”这一概念，并将小学国学课程的情境化作为研究的主要方向。该理论给予笔者的启示是，既要重视课程设计与实施过程中的情境创设，又要注重情境在课程内容选择、教学方法运用等方面的作用，还要认识到学生与教师作为教学主体的能动性特征，让二者与教学情境之间产生有效地互动，从而促进学生和教师的共同成长。

2. 具身认知理论

自古希腊开始，身体在教育与教学过程中就受到贬抑或忽略。在这种教育模式里，身体要么是通向真理的障碍，要么仅仅是一个把心智带到课堂的“载体”或“容器”。学习被视为一种可以“离身”的精神训练，但是具身认知挑战了这种教育观念。具身认知的中心观点是：认知、思维、记忆、学习、情感和态度等是身体作用于环境的活动塑造出来的。从根本上讲，心智是一种身体经验，身体的物理体验制约了心智活动的性质和特征。[①]

在具身认知定义的内涵与外延界定上，专家学者们尚未达成共识。贯穿具身认知的基本命题包括：第一，认知的种类和特性由身体的性质与结构决定，身体结构的不同会造成思维方式以及认知种类的差异。[②]第二，认知

① 叶浩生. 身体与学习：具身认知及其对传统教育观的挑战［J］.教育研究，2015，36（4）：104–114.

② Casasanto，D. Different Bodies，Different Minds：The Body Specificity of Language and Thought［J］. Current Directions in Psychological Science，2011（6）.

的过程是非表征的，心智过程并非抽象表征的加工和操纵。第三，认知、身体、环境具有整体联系性。海德格尔的“being-in-the-world”概念指出，心智、大脑、身体、环境之间是整体联系、互融互通的。第四，在认知系统的构成上，学者Shapiro，L. 等认为，身体和环境是其必要而且重要的组成部分。①

具身认知理论启发我们构筑了情境国学课程系统的主要架构，即情境、认知、身体的互动生态体系，三者相互作用、相辅相成。我们尝试在课程设计与实施过程中，调动学生的全身感官，积极促使其视觉、听觉、嗅觉、触觉、动觉等与情境、认知产生互动反应，以达成“1+1+1>3”的课程效果。

（二）泰勒原理

泰勒（RalphW.Tyler）于20世纪提出课程与教学的基本原理，被视为现代课程研究的范式，并使他被誉为“现代课程理论之父”。本研究中的课程开发部分正是基于泰勒原理展开的。

泰勒以目标为中心的课程开发理念，包含四个基本问题：一是学校的教育目标设定有哪些？二是实现教育目标需要怎样的教育经验？三是教育经验怎样有效使用才能有助于教育目标的实现？四是如何确定当前的教育过程正在实现？②此外，泰勒还提出了课程开发四部曲：确定目标—选择经验—组织经验—评价结果以及每一阶段具体清晰的建议。

根据泰勒原理，笔者从学生发展需求诊断开始，逐步完成课程目标、内容、组织方式、评价方式的生成，提供了切实可行的课程设计方案，以期在今后开发的动态过程中更有效率地推动进程的开展。

（三）课程美学

课程美学（Aesthetic Curriculum Theory），着重阐述了课程所蕴含的美学特质和审美价值，同时把课程看作文本（Aesthetic Text）。派纳是课程美学理

① Shapiro，L. Embodied Cognition［M］. New York：Routledge，Taylor & Francis Group，2011：4.

② Schubert，W. & Schubert，A.L.L.，Ralph W. Tyler in Review［J］. Journal of Thought，1986，21（1）.

论的集大成者，其研究的重点是课程作为文本形式所蕴含的美学特质。[①]课程的美学性并不是抽象的，而是具象的，和其他艺术形式如绘画、舞蹈等十分相似，课程美学也是基于实践的基础，有着现实的元素。[②]如今在课程美学方面的研究上，理论成果日渐丰富，原先用于艺术研究的理论范式开始运用于课程研究，实现了二者的有机结合。

课程美学理论启发了我们在情境国学课程开发与实施过程中注重开发课程的美学特质，挖掘其美学价值，将课程作为艺术品来看待，确立国学课程的美学模式和准则。在课程组织和实施过程中，注重美学目标的建构和完善，关注学生在课堂上能否感受课程之美，能否通过课程感受国学经典之美，感受生活与人生之美。

在课程模式初步建构过程中，除借鉴西方课程美学理论外，开发团队还参照了刘勰的“心物说”和王国维的“出入说”。二者的学说既是文学理论，又是中国古典美学理论，其个中思想对情境国学课程模式建构也大有裨益。“心物说”主要来自刘勰的《文心雕龙》中《物色》篇，就自然现象对文学创作的影响来论述文学与现实的关系。他提出“物色”对人的巨大感召力量；不同的季节也使人产生不同的思想感情。根据这种现象，刘勰提炼出一条基本原理：“岁有其物，物有其容；情以物迁，辞以情发。”王国维的“出入说”则提出，作家的体验不但要能“入”，而且要能“出”——“入乎其内，故能写入。出乎其外，故能观之。入乎其内，故有生气。出乎其外，故有高致。”简而言之，“入乎其内”就是“移情”式体验，“出乎其外”就是体验主体对体验的反刍。根据二者的学说，我们建构了情境国学课程的一般模式或者说是课堂实施步骤，分别是物色相召、情以辞发、应物思感、心物融汇，具体将在下文做出解释。

① 王磊．审美文本观照下艾斯纳课程美学蕴意探究［J］．外国教育研究，2014（10）：30–37.

② Pinar，W. F. Understanding curriculum［M］. New York：Peter Lang Publishing，1995：567.

（四）核心概念

1. 情境国学

在对“情境国学”这一概念进行界定前，首先要对“什么是国学”这一问题有一个把握。

清末，西学东渐，文化转型，“国学”是相对于“西学”而言的，中国固有的学术叫“中学”。“国学”真正成为对中国传统学术的通称始于刘师培撰写的《国学发微》。①

国学在中国的发展主要集中在“汉学”“儒学”上，梁启超、黄遵宪、邓实、章太炎等人堪称代表，胡适、顾颉刚、钱穆、季羡林、饶宗颐、汤一介等人对国学也均有论述。

综合学界观点，国学的界定主要有两种：一是广义的“大国学”观，认为“国学”即传统文化，代表人物是季羡林、汤一介等。②③二是狭义国学观，上海辞书出版社所出的《辞海》提出，“国学或称‘国故’，即本国固有的学术文化”，梁启超、章太炎、张岱年等学者支持这一看法。④⑤

由于传统文化是一个宏大的概念，本研究中的“国学”属于狭义国学的界定，结合章太炎的《国故论衡》中对国学概念外延的阐述，本文认为，“国学”指包括中国的语言文字、文学及思想在内的中国固有的学术文化。虽这样界定，我们在国学课程中仍然会把国学内容放置在整个中华优秀传统文化的大环境、大背景下，依托于中华优秀传统文化讲国学，才不会使国学成为孤立的、与生活脱离的文化。

接下来对“情境国学”做具体分析。“情境国学”是L小学课程开发团队在“情境化课程”的基础上创生出来的一个概念，它基于情境认知、具身认知、泰勒原理及课程美学等理论研究，依托于已有的情境化课程以及国学情境

---

① 夏征农. 辞海［M］. 上海：上海辞书出版社，1979：767.

② 蔡德贵. 季羡林先生的“大国学”观［J］. 探索与争鸣，2008（6）：62–65.

③ 汤一介. 中华文化的现代转型［M］. 武汉：湖北教育出版社，1995：25.

④ 张岱年. 国学入门丛书·序［M］. 北京：中华书局，2003：13.

⑤ 章太炎，曹聚仁. 国学概论［M］. 北京：中华书局，2009：7.

化教学的理论和实践成果，总结提炼出的情境国学课程模式架构如图1所示。

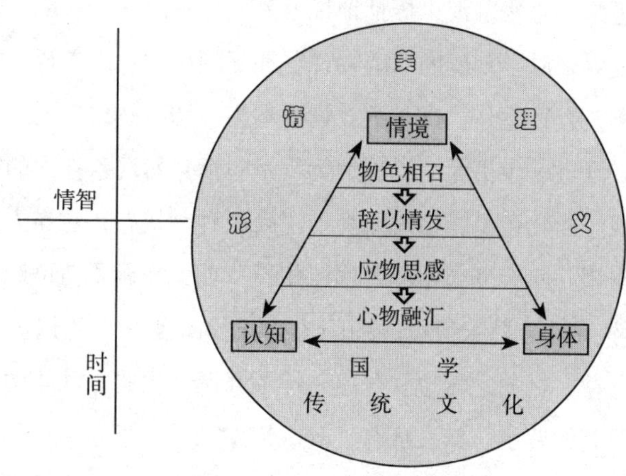

图1 情境国学课程模式架构

情境国学课程模式倡导以“时间”为经线，以“情智”为纬线，编织一个由两个环境、三个要素、四个环节、五维效果构筑的浸入式立体国学课程生态网络。

关于经纬线的设定，首先，在永恒的时间坐标体系面前，人类的存在永远是渺小而短暂的，但我们仍然可以用短暂的一生在永恒的时间坐标上找到属于自己的位置，承前启后，继往开来。情境国学课程的编制将以有限的时间区段—四时、时间节点—节日节气，引领学生遨游无垠的时间长河，与古人对话，同自我居处，向未来发问，用人类丰富的智慧结晶，用师生对自己、对周遭、对世界的美好情感和智慧积成经纬线，以更高远的视角看待国学，以更细腻的姿态品味生活，以更宽广的胸怀笑对人生。

两个环境指课程的内环境和外环境。其中，内环境指国学环境，课程的目标、内容、实施、评价都要围绕课程的内环境来展开；外环境指传统文化环境，国学课程不应该是孤立的、脱离生活的课程，它需要构筑在中华优秀传统文化大环境、大背景下，依托丰富的中华优秀传统文化内容构造学生对于国学经典更完整的认知。

三个要素指情境、认知、身体。从情境设置的内容看，课程将以真实情境为主，辅以问题情境和虚拟情境，力求最大限度地扩大学生的感知空间。

在三个要素的互动中，四个环节的教学将渐次展开，即物色相召—辞以情发—应物思感—心物融汇，概括地说就是“物—辞—思—融”四字诀。这四个环节的设定来源于刘勰的“心物说”和王国维的“出入说”。《说文》中有云：“物，万物也。”这是把“物”作为一切自然现象的通称。我们把这一概念的外延进一步扩大，提出“物”是包括自然现象在内的所有课堂情境的综合体现。而物色是指情境所呈现出来的种种状态，它与人的情性、心灵可以相互作用。四个环节中的“物色相召”首先强调了情境对学生的自然吸引，激发学生对于融入情境的内驱力。正如戴圣在《礼记·乐记》中所说：“人心之动，物使之然也。”这一环节强调学生的主动建构，因此对情境的设置有较高的要求。第二环节“辞以情发”是在学生第一环节“触景生情”的基础上展开，在学生仍然被情境引发的情绪所包裹的时候，适时地引出与情境相符的国学经典作品，让学生在沉浸式的环境之中体味作品之美。第三环节“应物思感”则是情绪体验基础上的思考和沉淀，即王国维所说的“出乎其外”，使学生在作品之外有所思、有所感。第四环节“心物融汇”建立在学生对情境的融入和对作品的理解之上，培养学生对于情境的亲近感和认同感，进一步构建基于情境和生活的国学生态体系。以上四个环节衔接自然、一气呵成，使学生从“有我之境”到“无我之境”，再到“有我之境”，实现知识、能力、态度乃至人生格局的提升。

五维效果指通过一系列课程设计和实施过程，使课程达到形真、情切、意远、理智、美育的效果。其中，形真即贴近生活，使课堂所学能够更好地迁移到学生的实际生活中；情切即培养学生的情感价值，唤醒学生的情感内驱力，培养学生的情绪感知力以及与周围进行良性情感互动的能力；意远强调“小课堂，大世界”，重视课堂视野和格局的架构，帮助学生了解传统经典文化中的悠远境界，建立更广阔的人生格局；理智即通过课程培养学生人生智慧，建立基于智慧的理性认知；美育即通过课程开拓学生的美学空间，提升学生的审美素养，以期为学生更加幸福的未来奠基。

2. 校本课程

“校本课程”（School-based Curriculum）一词最早出自1973年在英国召开的国际课程研讨会上菲吕马克和麦克来伦的论述。2001年，中国开始进行

"新课程"改革，推行国家、地方和学校三级课程管理制度，倡导学校根据当地实际和本校的传统、优势，基于学生的兴趣和需要，开发或选用校本课程。2002年教育部基础教育司编写出版《走进新课程——与课程实施者对话》，将"校本课程"解释为："以学校教师为主体，在具体实施国家课程和地方课程的前提下，通过对本校学生的需求进行科学的评估，充分利用当地社区和学校的课程资源，根据学校的办学思想而开发的多样性的、可供学生选择的课程。"[①]之后，有专家陆续提出对"校本课程"的理解。钟启泉指出，校本课程由学校自行决定，一般比较侧重学生兴趣类、学校特色类和乡土类课程，目的是满足学生和社区的发展需要，强调多样性和差异性。[②]崔允漷等人认为，校本课程是指学校在保证国家课程和地方课程的基本质量的前提下，通过对本校学生的需求进行科学评估，充分利用社区和学校课程资源而开发的多样性的、可供学生选择的课程。[③]李臣之提出，校本课程也称"预留地"自主开发或校定课程，是学校在国家预留时间内根据学生成长需求自主确定的课程。[④]

综上所述，教育部及学者们对校本课程的定义虽有表述上的不同，但在以下两方面达成了共识：

一是校本课程是学校的课程，学校拥有课程开发的自主性。因此，它应更准确地被表述为与国定课程、地定课程相对应的校定课程。二是校本课程是基于学生需要开发的课程，与此同时，地区和学校的文化历史和资源也是不可忽视的因素。由此，本研究尝试对校本课程开发做出定义：校本课程即校定课程，是学校根据自己的办学思想和条件，结合当地社区的课程资源，在了解学生学习需求的基础上开展的可供选择的课程。

---

① 教育部基础教育司．走进新课程——与课程实施者对话［M］．北京：北京师范大学出版社，2002：197.

② 钟启泉．校本课程论［M］．上海：上海教育出版社，2000.

③ 崔允漷，夏雪梅．校本课程开发在中国［J］．北京大学教育评论，2004（3）：30–34，52.

④ 李臣之．校本课程开发［M］．北京：北京师范大学出版社，2015：46.

3. 课程设计

对课程有较深研究的美国学者蔡斯（R.S.Zais）指出，课程设计主要是对课程的实质结构、形式或组织的专业术语。构成课程的基础内容大体为宗旨、目标、目的、学习素材、学习评价等。课程设计就是将以上这些片段结合在一起，组成一个课程形式。[①]《国际教育百科全书》中指出："课程设计是课程的组织形式或组织结构。"[②]施良方则将课程设计定义为"课程所采用的一种特定的组织方式，它主要涉及课程的目标以及课程内容的选择和组织"。[③]丛立新主张课程设计就是对课程的各个方面做出规划和安排。[④]她把课程设计分为宏观、中观和微观三个层次。其中，宏观层次课程设计涉及课程宗旨、性质、目标、内容的主要范围或选择内容的主要指导原则等；中观层次课程设计是在具体的课程门类基础上进行；微观层次课程设计与前两类课程设计相比，在主体和时间层面上来说都是相互分离的。而台湾学者王文科认为，课程设计是为提供学习机会而运用的架构和模式。[⑤]

综上所述，人们对课程设计与编制之间的认识和理解存在一定的差异性。施良方所提出的课程设计观——"一种特定的组织方式，主要涉及课程的目标以及内容的选择和组织"，在中国的课程研究方面有相当的代表特性，本文也支持这种理解，即课程设计所涉及的范围是在课程实施之前。由此，本文对课程设计做出如下界定：课程设计主要是对课程未进入实施阶段前的课程存在形态和运行模式的设计，包括课程目标的确立、课程内容的价值判断和选择、课程内容的具体组织形式或组织结构的选择和安排等，它体现的方式结合了理论分析和技术运用的双重性。

---

① 瞿葆奎. 课程与教材（上册）［M］. 北京：人民教育出版社. 1988：261.

② 中央教育科学研究所比较教育研究室.国际教育百科全书（2·C）［M］. 贵阳：贵州教育出版社，1990：568.

③ 施良方. 课程理论——课程的基础、原理与问题［M］. 北京：教育科学出版社. 1996：81.

④ 丛立新. 课程论问题［M］. 北京：教育科学出版社，2000：253.

⑤ 王文科. 课程与教学论［M］. 台北：五南图书出版社. 1994：15-16.

三、国学校本课程研究综述

近年来，“国学热”无疑是中国文化界广泛关注的现象，不仅国家力推创新、转化，一大批国学“工程”“项目”也如雨后春笋般蓬勃生长。那么，作为国学教育的基地、国学输出的重要机构——学校，其国学教育如何开展？学校国学校本课程研究的现状如何？这是一线教育工作者普遍关心的问题。接下来笔者将从研究概况、成果和启示三个角度对近十年国学校本课程研究进行阐述。

（一）研究概况

为能较真实地展现2008—2017年国学校本课程研究的面貌，笔者首先以“国学”并含“校本课程”和“传统文化”并含“校本课程”为主题在“知网”搜索，分别得到文献15篇、31篇，由于文献数量不多，很难做出有效分析。于是，笔者扩大了搜索范围，以“国学”并含“校本课程”和“传统文化”并含“校本课程”为关键词在“知网”搜索相关文献，所得结果见表1。

表1 2008—2017年以“国学”并含“校本课程”和“传统文化”并含“校本课程”为关键词在“知网”搜索的结果

关键词 \ 年份	2008	2009	2010	2011	2012	2013	2014	2015	2016	2017	合计
国学 校本课程	0篇	4篇	9篇	9篇	5篇	19篇	18篇	33篇	30篇	30篇	157篇
传统文化 校本课程	17篇	26篇	31篇	45篇	74篇	58篇	91篇	121篇	140篇	148篇	750篇

通过表1可以看出，在研究的影响力方面，2008年后的国学校本课程相关研究相对传统文化校本课程研究尚未成为一种“围观型”的话题。从发表文献的数量来看，传统文化校本课程相关文献几乎五倍于国学校本课程相关文献，这种数量上的差别从2008年就已显现，作为传统文化校本课程体系的一部分，国学校本课程相关文献的数量上少于前者是非常好理解的，但仍然说明在传统文化校本课程领域，国学校本课程的研究热度有限。即便如此，近十年该主题研究仍然基本以逐年上升的趋势展开，其中2015年传统文化校本课程相关文献数量的显著上升很可能与2014年教育部颁发的《完善中华优秀传统文化教育指

导纲要》有关，它明确了开展中华优秀传统文化教育的主要内容，提出要分学段有序地推进中华优秀传统文化教育。作为传统文化教育核心内容的国学课程建设也自然受到学界更多的关注。

笔者进一步从157篇国学校本课程相关文献中选取了相关度较高的97篇文献，对其逐年文献类型构成做了统计，见表2。

表2　2008—2017年以“国学”并含“校本课程”为关键词在“知网”搜索的结果

年份 / 文献类型	2008	2009	2010	2011	2012	2013	2014	2015	2016	2017	合计
期刊类	0篇	1篇	6篇	3篇	4篇	9篇	11篇	21篇	16篇	12篇	94篇
核心期刊	0篇	0篇	0篇	0篇	2篇	0篇	0篇	1篇	1篇	0篇	4篇
学位论文	硕士0篇 博士0篇	硕士1篇 博士0篇	硕士1篇 博士0篇	硕士1篇 博士0篇	硕士0篇 博士0篇	硕士0篇 博士0篇	硕士0篇 博士0篇	硕士3篇 博士0篇	硕士1篇 博士0篇	硕士0篇 博士0篇	硕士7篇 博士0篇
其他（会议论文、年鉴等）	0篇	1篇	0篇	0篇	0篇	1篇	0篇	1篇	3篇	1篇	7篇

从学位论文来看，国学校本课程研究几乎没有受到什么关注，且该主题核心期刊文献的表现也乏善可陈。相对而言，期刊类文献的表现尚可，然而在2016年也有所回落。由此可见，国学校本课程研究在学术界的影响力极其有限，距离“广泛参与”“深度聚焦”还有非常大的距离。

从研究机构分布来看，发表文献前五位的机构情况，见表3。

表3　2008—2017年中国知网“国学校本课程”相关文献前五位发文机构统计

机构名称	东北师范大学	齐齐哈尔大学	甘肃省兰州市第十四中学	江苏省徐州市民主路小学	辽宁省鞍山市铁东区长甸小学
文献数量	5篇	5篇	4篇	2篇	2篇
文献占比	5.2%	5.2%	4.1%	2%	2%

通过表3可以看出，近十年中国知网国学校本课程相关文献发文机构前五位中有三个是一线中小学。从学段分布上分析，所选取的97篇相关文献中，对中学展开研究的有11篇，研究小学的有79篇，幼儿园4篇，大学及其他教育机构仅3篇。由此可以得出，中小学是近十年国学校本课程研究的主要对象，相关文献占总文献的95.9%，仅小学就占83.5%，说明中小学，尤其是小学的国学校本课程研究受到了较多的重视，而幼儿园和大学的相关研究有待加强。以上情况说明，在研究的主体方面国学校本课程研究呈现一种“下沉”的势头。

（二）研究成果

通过以上概括性的说明，我们可以描绘出一个处于上升发展阶段的国学校本课程研究领域，却并不能对该主题近十年的研究焦点、研究局限以及遭遇的问题见微知著。而一个结构化的分析框架能够很好地把握国学校本课程研究发展的脉络，理清现有研究的成果和不足，展望未来研究努力的方向。笔者认为，国学校本课程研究所关注的核心问题有三，即“为什么？”“是什么？”“怎么做？”其他诸如“谁来做？”“在哪做？”“做些什么？”“如何得知并证明？”“做得如何？”等问题均为上述问题的细化和延伸。因而，国学校本课程的理论和实践研究也围绕这三个问题展开。基于这样的认识，“为什么？”“是什么？”“怎么做？”就成为分析框架的三个关键维度，即取向、界定、开发现状。

接下来笔者将在这三个维度的框架下对其研究进展逐一梳理，以期为今后国学校本课程研究发掘新的生长点。

1. 国学校本课程的取向

为什么要开发国学校本课程？国学校本课程的价值取向为何？这是研究国学校本课程首先要明晰的问题。对此，田立君的《小学国学校本课程设计与开发的价值取向分析》、韩庆雄的《“国学课堂”的德育价值研究》、周凤梅的硕士论文《小学国学经典诵读校本课程价值的研究——以乌海市海勃湾区第三小学为例》等均有过专门论述。事实上，除少数直接对国学校本课程价值进行论述的文献外，其他研究国学校本课程的文献也很难绕开价值判断的问题，因为它是国学校本课程开发的前提和基础。

对于国学校本课程的价值取向，文献中的观点集中于学生发展、教师成长、文化传承三个维度。

在学生发展维度，笔者更倾向于不仅从国学校本课程，更要从国学的功用来分析。这一维度主要指向两个方面的价值：一是国学的智育价值，正如胡适所言，“国学可以化黑暗为光明，化神奇为臭腐……重新估定一切价值。”他指出国学教化人心的功用；[①]唐文治在无锡国专担任馆长期间曾强调国学“救正人心”的功能。[②]笔者认为所谓“救正”即“启蒙启正”之意。现代学者田立君则具体提出了国学校本课程的两个智育价值，即增强知识底蕴和开发智力，形成有意义的认知结构。[③]除国学的智育价值外，近现代学者认为国学（国学课程）更多的功用体现在其“德育”价值上。例如，章太炎认为国学“可以培育爱国情怀……可以塑造国民道德”。[④]梁启超认为国文教育可以使学生“由知识而修养，由为学而为人”。[⑤]也有现代学者指出，国学能够让学生对生命、人生等有更加深刻的认识，促进学生的终身发展。[⑥]

在教师成长维度中，周凤梅提出，国学校本课程可以促进教师的发展，具体地说包括：提高教师课程开发意识和能力、厚实教师的文化底蕴、增强教师的反思评价意识。[⑦]姚芹认为，国学校本课程能够塑造教师魅力，已担当起思想文化传播者和智力资源开发者的使命。

此外，学者们的一个共识就是国学校本课程在传承中华传统文化上起着重要的作用。

---

① 胡适．胡适全集（第3卷）［M］．合肥：安徽教育出版社，2003：147.

② 陈其昌．江苏文史资料选辑（第11辑）［M］．南京：江苏人民出版社，1983：171.

③ 田立君，陈旭远．校本课程开发规律探寻——基于东长甸小学国学课程开发行动研究［J］．现代中小学教育，2015，31（3）：16-19.

④ 吕丹妮，周掌胜．章太炎国学观在当代的教育意义［J］．教育文化论坛，2016，8（4）：6-9.

⑤ 颜禾．梁启超与国文教育［J］．海峡教育研究，2016（2）：48-55.

⑥ 姚芹．让传统经典文化浸润孩子的人生——小学阶段国学教育的价值诉求［J］．新课程（上），2016（3）：6.

⑦ 周凤梅．小学国学经典诵读校本课程价值的研究［D］．呼和浩特：内蒙古师范大学，2011.

综合以上多元的价值取向，国学校本课程的关注点要投射在哪里？参考《礼记·大学》“修身齐家治国平天下”的逻辑认知，笔者认为，无论是指向学生的个人发展还是指向教师的专业成长、教育研究或是传统文化传承，国学校本课程都要将关注点放在提升学生的国学综合素养上，放在如何促进学生的有效学习上。但遗憾的是，国学校本课程研究对此呈现出两极分化的状态：一方面，绝大多数的教师和学者认可以提升学生国学综合素养为国学校本课程设计和实施的目的，一线中小学和教师也在具体的实践中进行了积极的尝试；另一方面，当前国学校本课程开发存在严重的肤浅问题和泛化问题，很多国学校本课程存在盲目趋同、缺乏创新、表演性质浓厚等特点，尤其是经典诵读类课程，其价值的扁平和单一化是普遍存在的问题。

本研究中的国学校本课程实践始终指向促进学生发展的各项课程目标，相对智育功能，更强调国学教育的德育功能，通过情境、认知、身体的互动来加深学生对国学经典的感受和思考，从而为学生的人生道路奠基。同时，我们也认识到，国学教师素养的提升并非一日之功，因此，阅读、学习和交流将成为国学教师专业发展的长期要义。因国学课程在传承中华优秀传统文化中的重要功能，我们将创造全方位、浸入式的中华优秀传统文化环境体验，努力使国学及中华优秀传统文化与学生的生活实际紧密相连，这样才能让学生体会到中华优秀传统文化的价值，通过国学、通过中华优秀传统文化开启学生认知世界的另一个美好渠道。

2. 国学校本课程的界定

现有的文献中并没有对“国学校本课程”的完整界定，通常是对“国学”“国学经典”“校本课程”等概念进行分别界定，大抵学者们认为“国学校本课程”这一概念是比较明晰的、较好理解的，因此不需要做过多说明，但其内涵和外延仍需进一步明晰。

国学校本课程中的“国学”如何界定？目前学界及一线学园主要有两种解读。第一种解读是“国学”指中华优秀传统文化，取“广义”国学概念。因中华优秀传统文化包罗万象，也就出现了包括国学经典、琴棋书画、武术、剪纸、戏剧、中医等在内的内容丰富的国学校本课程。综合文献分析，笔者发现，“广义”国学校本课程主要分为三种：一是集合了多种中华优秀传统文化元素的国学校本课程，如河北省鹿泉区第二实验小学集经典诵读、楹联、汉字书写、京剧、中医和近体诗创作在内的“国学系列”校本课程，我们可以把它叫作“搭积木式”国学校本课程。这类课程体系的部分子课程可能具有一定的系统性，如河北省鹿泉区第二实验小学开设的书法、楹联、近体诗课程是以书法为基础和工具支持，进而由易到难地开设楹联和近体诗课程。但其课程体系中的大部分子课程都处于相对独立的状态，就像积木一样被搭建到一起。二是相对单一的课程，[①]我们可以叫作“一枝梅式”课程，如山东省枣庄市薛城区周营镇铁佛小学的书法课程、四川省成都市青龙小学的武术课程等，它们都选取了中华优秀传统文化的一个角度切入，深挖其教育功能，对于学生能力的培养以及学校特色的创建不无助益。[②]三是“八宝粥式”课程，即课程统整度比较好的国学校本课程。如江苏省张家港市锦丰初级中学“大国学教育”，在顶层设计思维的引领下，将文学、史学、科学、艺术、体育、军事类传统文化课程深度统整、无痕融入，达到了较好的课程效果。[③]

“国学”的第二种解读与“大国学”课程相对，指国学经典类校本课程，这类课程可分为三种：第一种讲求在所处教育阶段相对全面地接触适合青少年的国学经典原文，如小夫子少儿国学机构输出的一整套国学课程，其内容包括《千字文》《弟子规》《三字经》《声律启蒙》《论语》《孟子》《诗经》《二十四史》《老子》《庄子》《世说新语》《唐诗宋词》《古文观止》等；[④]第二种是将国学经典根据本校实际进行重组，如成都市青白江区大弯小学开发的《雁飞》《鹤鸣》《凤舞》国学经典校本教材；[⑤]第三种是主题式课

① 赵彦卿．课程引路 国学培根［J］．河北教育（德育版），2015（Z1）：30.

② 李富强．浸润国学经典书写快意人生［J］．考试，2015（17）：44.

③ 佚名．基于学生核心素养的“大国学教育”校本课程开发与实施——江苏省张家港市锦丰初级中学特色课程建设探索与实践［J］．初中生世界，2017（20）：15–17.

④ 佚名．改变单一诵读模式打造特色国学校本课程小学国学校本课程多媒体教学解决方案［J］．中小学管理，2015（12）：2.

⑤ 廖学文．美在诵读中绽放——信息技术下国学经典校本课程研究［J］．教育科学论坛，2016（8）：50–51.

程，即确定一个主题，然后围绕该主题选取相应的国学经典，如深圳市福田区教育科学研究院的徐燕提出“百善孝为先”的实践设想，旨在通过《三字经》《幼学琼林》《增广贤文》《二十四孝》中的孝道内容给予学生孝的教育。①

此外，焦德华、朱太军等人对国学活动类课程的论述以及米思杨等人提及的国学课程内容和资源的扬弃问题也值得我们重视。

对于国学校本课程的界定，因其价值的多元和课程的校本化，学者专家众说纷纭，莫衷一是，其分类和解读上的多元原因也在于其目的和研究价值取向的多元化。虽然对国学校本课程具体内容、目的存在一定的争议，且目前几乎没有针对“国学校本课程”概念的论述，但我们可以尝试以“主体+途径+国学+校本课程”的形式对“国学校本课程”做出界定，即学校依托于中华优秀传统文化，以本校教师为主体，根据学生成长需求，充分利用当地社区和学校的课程资源，依托学校的办学思想而开发的包括中国的语言文字、文学及思想在内的校本课程。这里有几点问题需要做出说明：一是为了体现课程的专注度，本研究选择了“狭义”的国学概念，即课程主要围绕中国的语言文字、文学及思想展开。二是虽然采用“狭义”的国学概念，但课程内容并不抛弃广义的中华优秀传统文化内容，相反，我们重视中华优秀传统文化的依托价值，希望通过中华优秀传统文化将“国学”的核心内容更好地烘托出来。这是我们与现存的“狭义”国学教育实践不同之处。三是受上文提到的成都市青白江区大弯小学整合性国学课程的启发，我们也将避免国学经典的呈现形式单一，以主题为牵引对五年级国学内容进行更系统的整合。

3. 国学校本课程的开发现状

当前，各地中小学、幼儿园开发的国学校本课程呈现出各自的运用取向和课程特点。例如，广州市越秀区沙涌南小学基于故事国学，塑造学生优良道德品格的《正品立人》国学课程；云南瓦渡乡寄宿制小学的阅读国学经典课程；北京第二实验小学的书法特色国学校本课程；张家港市泗港幼儿园将国学经典

① 徐燕．让孝文化在德育中绽放——论孝道教育在小学德育中的意义及实践［J］．新教育，2016（24）：23-24.

扎实有效地渗透幼儿一日生活的生活化国学课程等。

虽然实践中校本课程开发理论已经为广大教师所接受，但操作上大多仍停留在课程开发水平低、开发过程基于经验、缺乏专业的方法与策略指导的粗浅阶段。

在研究方法上，国学校本课程开发以观察、反思、访谈等质性取向为主，呈现两大倾向：一是个体实验倾向，即通过确立假设、制订方案、实施方案、验定假设的过程对如何进行国学校本课程开发以及进行怎样的开发做个案研究，如毛德宇在《围绕国学教育开展校本课程建设》中阐述了河南省郑州市第十一中学国学校本课程建设的过程；陈鹏磊、李郡所做的“新课程背景下小学国学校本课程改进策略研究”等。二是经验总结倾向，即对学校已有的国学校本课程及其开发实践经验进行较为系统的总结，以期为国学校本课程理论架构和具体实践提供借鉴。例如，白春荣对河南省郑州市二七区春晖小学《多彩教育之诗风词韵》校本课程开发的经验提炼；麻爱彦对孙吴县第三小学国学经典诵读校本课程的相关介绍。在这类研究中，通常研究者也是参与者，这样可以保证研究者对课程及其实践有更真切的了解，但也很难使研究者跳出学校看课程开发实践，因此往往缺乏一定的客观性。

在课时安排上，国学课程大多采用固定课时制度，每周1课时的安排比较普遍，如重庆市秀山县迎凤小学等。还有利用早读、午读、课间或一堂课前后几分钟的时间进行碎片化课时安排，如北京荆家务小学每周五的国学早读、广东江门市农林小学每天午读经典5分钟以及10分钟的硬笔书写经典等。

国学校本课程配备的教材主要来自两个渠道：一是学校自编教材。例如《国学启蒙》《少儿国学读本》《论语》等校本教材。二是选用出版社已出版的相关国学经典教材或读本并对其进行校本转化。例如教育部、国家语委、中央文明办推荐的“中华诵·经典诵读行动”诵读系列教材等。

在教学体系方面，国学校本课程体系处于逐渐展开、不断完善的过程。课程评价方面，虽然多数学校的评价体系构建尚不完善，评价方式也比较简单，但是评价环节一直贯穿于国学课程的始终。例如，鞍山铁东区东长甸小学在国学校本课程开发和实施中强调学生发展性评价，注重评价标准分层化、评价主体多元化、评价方式的综合性和趣味性，有效地推动了学生综合素质的发展。[①]

除以上论述总结外，还需要注意到，在众多的国学校本课程中，经典诵读即读经诵经的校本课程占有很大的比重。“儿童读经”运动被认为始于1994年王财贵教授在全球华人地区发起的“儿童读经”运动。[②]目前全国众多小学开设了国学经典诵读校本课程，如北京府学胡同小学、济南大明湖路小学、广州五山小学、南京夫子庙小学、成都泡桐树小学、深圳水围小学、西安新房小学等，开设该类课程的学校几乎遍及了各省市县。而如何使“读经”或“经典诵读”类国学校本课程显现新意，呈现更加多元的层次和价值取向也是这些学校及后来者需要思考的问题。

（三）研究启示

在明确了国学校本课程“是什么？”“为什么？”“怎么做？”后，笔者发现，国学校本课程相关研究取得大量进展的同时，也呈现出一些问题。在小学国学经典教育课程化的发展过程中，有三个颇为重要的问题亟待解决。

第一，关于小学国学经典教育课程的内容问题，这一问题不仅涉及适合小学生身心发展的国学内容有哪些，更深层次探讨的是如何确定小学阶段国学经典内容的遴选标准。这一发展困境已经出现在诸多中小学国学课程的开展过程中。

第二，关于小学国学经典教育课程内容的编排问题。例如，在小学生的认知水平下，国学教材内容难度的编排如何实现与学生认知水平的匹配；在当前的课时安排下，国学的课时编排与其他教学内容如何实现协调发展；在国学的难度编排梯度上，如何实现与小学各个学段的学生智力发展水平相协调的梯度编排；等等。这是目前很多学校国学校本课程开发所面临的困扰。

第三，小学国学经典教育课程的师资问题。当前很多人都在质疑作为教授国学经典的教师，其自身是否具备丰厚的国学底蕴，能够深入浅出地为学生讲

① 王群，田立君．学生发展性评价的实践探索——以“国学经典诵读”课程评价为例［J］．现代中小学教育，2010（12）．

② 李灵玲．儿童国学经典教育的两次转向［J］．安庆师范学院学报（社会科学版），2014，33（5）：161-164.

解国学内容。[①]而对目前中小学国学教师的调查显示，中小学国学教师师资力量严重不足，表现在以下两个方面：一方面是小学阶段的国学教师培养计划缺失；[②]另一方面是目前小学阶段的国学教师专业素养堪忧，很多小学国学教师缺乏国学底蕴，对国学内容一知半解，在内容的讲解上“照本宣科”等都是现实存在的问题。

基于上述经验及问题，L小学的国学课程设计将从以下三个方面做出努力和尝试：

第一，课程的价值判断即课程理念的确定。课程理念是校本课程设计与实施的灵魂所在，因此，一个符合地区和学校实际以及师生发展需求的课程理念能够引领校本课程实践走得更远。由于当前很多学校存在的国学校本课程开发“经验主义”倾向，我们需要立足于调查研究，仔细推敲校本课程与学校办学理念、学校文化的一致性，得出“生活情境教育”这一课程理念，力求为学生构建更符合审美需求和生活实际的国学体验。

第二，课程内容和编排方面，避免很多学校出现的随意性、盲目性倾向，进行更加缜密的学理思考和调研分析，并根据学生的身心发展特点对课程内容进行更加科学的编排，以期达到课程内容在时间、空间立体维度上的伸展，带给学生更加真切的课程感受。

第三，课程评价方面，通过多维度、多渠道、多种方式对学生以及课程进行综合评价。课程评价是当前国学校本课程研究的一个弱项，但却是判断国学校本课程开发质量的重要标准，更是促进国学校本课程逐步发展提升的关键。因此，我们不仅注重对学生、课程的总体评价，而且对平时的课堂观察和评价，资料的收集和评估方面都下足了功夫，以期在评价中“知不足”，在评价中得到提升。

① 陈壁生，石勇. 国学热——十年人文热点对话录［M］. 广州：中山大学出版社，2007：40.

② 郭少峰. 人民大学校长纪宝成：重倡国学延续中国文脉［EB/OL］.（2005-06-01）［2014-01-05］. http://edu.sina.com.cn/l/20050601/1110116831.html.

四、小学情境国学校本课程的设计

针对课程开发的基本程序和方法，泰勒提出了著名的四个问题。①接下来本研究将从课程设计的角度呼应这四个问题。

（一）课程理念和目标的生成

泰勒认为，“确定教育目标是系统研究教育计划的前提”。②由此，基于泰勒原理的本研究自然也把课程目标作为课程设计与实施的中心环节。在生成课程目标之前，有一项工作是非常必要而又常被研究者，尤其是个案研究者所忽略的，那就是课程理念的生成。

1. 课程理念的生成

课程理念在校本课程设计与实施过程中是极其重要的，是课程的先导和灵魂，这是笔者在课程设计之初首先达成的共识。而仅仅认识到课程理念的重要性是远远不够的，课程理念如何生成、如何表述就成了摆在面前的首要问题。通过查阅、对比相关资料，笔者提出了新国学课程理念生成“三步走”策略：

首先，课程理念要与学校的文化和办学特色相一致。

其次，课程理念要能凝聚师生的教育共识。

最后，理念要表述清晰，易于内化为师生行为的准则。③

路径敲定后，笔者首先对学校的文化与特色进行了文本化分析（见表4）。作为一所办学时间不到五年的新学校，L小学在生源的吸引和社会的认可等方面都取得了显著的成绩，这很大程度上要归功于学校国学特色的彰显以及学校文化的整体创建和培育。

---

① Schubert，W.&Schubert，A.L.L.，Ralph W. Tyler in Review［J］. Journal of Thought，1986，21（1）.

②拉尔夫·泰勒. 课程与教学的基本原理［M］. 北京：人民教育出版社，1994：1.

③靳玉乐. 校本课程开发的理念与策略［M］. 成都：四川教育出版社，2006：271-273.

表4 L小学办学思想及校园文化文本概览

教育哲学	走向生活
教育思想	开放，分享，兴趣，体验，去权威、去中心的后工业文化精神
办学理念	贴近健康、贴近性灵、贴近生活
培养目标	健康、敏捷、恒信、勇气
校训	有爱
校风	求是
教风	认真
学风	快乐灵活

L小学在办学近五年的教育实践中，抓住兴趣和体验这两条主线，用“兴趣”做纬线，以“体验”为经线，通过“活动社”“感恩节”等情境模块（体验空间）逐步推进，编织了“L小学教育生活网”，如图2所示。

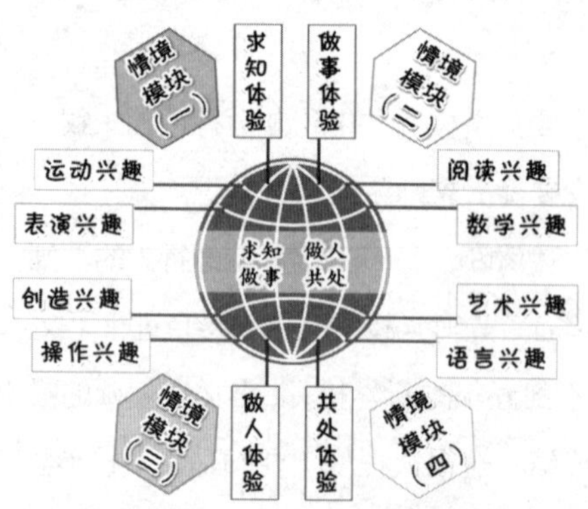

图2 L小学教育生活网

L小学不仅以“走向生活”的教育哲学为引领，构筑了系统的符合学校实际和师生、家长教育需要的学校文化，而且使“走向生活”的教育哲学在各个层面、各项工作的落实过程中被反复强调、深入解读，带动全校师生共建、共享、共同为L小学构建生活家园的美好愿景而努力。

教育如何走向生活？国学课程如何走向生活？健康、敏捷、恒心、勇气的培养目标如何通过国学课程得以实现？这是新国学课程开发之初必须要面对的问题。

笔者认为，既要使国学课程走向生活，又要保证国学课程生活化的内容有足够的迁移能力，同时国学课程本身所营造的情境、文化、思想就是学生生活的一部分，是嵌入到学生生活体系不可或缺的元素。最终，笔者将新国学课程的课程理念确定为“生活情境教育”，并将其含义进行了拓展，见表5。

表5　L小学情境国学课程理念设计

课程理念：生活情境教育
理念陈述：通过营造充满“国学味”的生活情境，培养有国学情趣和审美，善用中式哲思的谦谦君子
我们的主题：我们身边的国学
1. 趣味创生是通往其他课程效果的必要途径
2. 情境互动是一个自然生成的过程
3. “小国学，大课程”，学生更宽广的视野和格局是标准的
4. 强化内在力量，培养中式哲思
5. 调动多重感官，打造中式审美
6. 每个人都是独特的，他们课堂的生成也是独一无二的

2. 课程目标的生成

在课程理念生成之后，便到了情境国学校本课程设计的关键环节：建构符合学生成长需求，符合地方和学校特点，能科学解读课程理念的课程目标体系。在建构过程中，首先而且非常必要的就是前期的调查和分析，其具体内容详述如下。

对课程目标的调查和分析主要基于泰勒所提出的三方面信息：对学生、社会生活和学科专家建议的研究。[①]依据这三个维度，我们分别从学生发展需求诊断等多个角度展开了调查和分析。

---

①拉尔夫·泰勒. 课程与教学的基本原理［M］. 北京：人民教育出版社，1994：18.

（1）学生发展需求诊断

为了对学生的需求状况有一个比较全面的了解，我们首先要做两项工作，即学生的总体情况分析和需求问卷调查。

L小学现有五个年级、26个教学班、1300名学生，其中五年级是最高年级，拥有6个教学班301名学生，这届学生是学校2013年正式向社会招录的第一届学生，一年级就开始接受每周一节的国学课教育，并且通过学校开展的国学主题活动、日常阅读等与国学建立了多方位的联系。由于办学伊始，学校知名度不高，很多临近小区的户籍家庭暂时没有考虑这所学校，于是这届学生生源以非户籍为主，部分学生的居住地离学校较远。笔者对五年级家长情况做了统计，统计结果见表6。

表6　L小学五年级家长情况统计

年龄构成	出生时间在1957—1988年，其中75后、85前的家长519人，占总人数的86.2%
地域构成	广东户籍家长402人，占总人数的66.8%，其他南方省份户籍家长156人，占总人数的25.9%；北方省份户籍家长156人，占总人数的7.3%；同省户籍的家长有578人，占总人数的96%
单位构成	政府事业单位的有33人，占总人数的5.5%；企业的有396人，占总人数的65.8%；个体的有133人，占总人数的22%；无业或者待业的有34人，占总人数的0.6%；其他6人，占总人数的0.1%
户籍构成	宝安户籍66人，占总人数的11%；非宝安户籍536人，占总人数的89%

从年龄构成上可以看到，本届五年级家长虽然年龄跨度比较大，达31岁，但年龄分布却相对集中，86%以上的家长都分布在33～43岁，即大多数家长均为75后、85前。据2017年统计，深圳常住人口平均年龄为32.5岁，①虽然数量庞大的暂住人口并没有计算在内，但我们仍然能判断出75后、85前的人是目前深圳社会的中坚力量，由此带来的就是这一代人在深圳这个快节奏大都市中的极大压力。有媒体曾用“Xennial”这个舶来语形容75后、85前群体，指出这期间

①来自深圳新闻网数据，http://www.sznews.com/news/content/2017-05/22/content_16279644_2.htm

出生的人有着在电视中度过的童年和在电子化中度过的成年。[1]他们对于中华优秀传统文化虽有一定认知，但是了解不够，亲近不足。因此，我们的目标就是重建国学在学生心目中的定位，培养其对国学的亲近感，引导学生在生活中运用国学思维去思考判断，教会学生用中式美学来欣赏周遭。

从地域构成来看，大多数家长为广东户籍，南方户籍家长占总人数的92.7%，即家长中的南方话语倾向更重，且家长双方户籍不同的仅占总人数的4%，这就带来了家庭内部文化的相对封闭性。因此，选择确立目标时要着重考虑对于学生多元文化倾向的培养以及引导其文化的开放性思维。

从家长们的单位构成来看，在企业和个体工作的有529人，占总人数的87.8%，这一群体当中的很多人在保持压力常态的基础上，工作相对繁忙、陪伴家人的时间相对得不到保障。尤其是从事个体工作的家长，就更加处于高生存压力状态。在政府事业单位工作的家长由于大多数从事文职工作，学历水平比较高，因此对于文化的理解力相对比较好，五年级家长中这一群体仅有33人，属于少数人群。家长中无业、待业人员大多数为家庭主妇，通常这样的家庭经济压力会比较小，五年级这一群体数量相对其他年级要小，这从侧面反映了五年级家长中处于富裕群体的相对较少，这点也与班主任们通过家访等渠道了解到的比较一致。家长群体普遍处于高压繁忙的工作生活状态，一方面给予了学生对于充实感的认知，另一方面也容易带来焦虑情绪，且繁忙的生活会减少人们观照内心、反思前行的动力。因此，情境国学课就需要教会学生从外化、物化的世界走进内心，追寻内心的喜乐和平静，从而为现实世界中的诸多挑战积蓄力量。

在对学生的总体情况有一个把控的前提下，笔者针对学生需求展开了问卷调查，以下对调查的基本情况做一些说明。

调查目的：通过调查了解学生和家长对国学课程的态度、看法与期望，并基于学生目前的国学素养和水平制订符合学生发展需求的课程目标。

调查对象和方法：本次调查选取了五年级4个班共191名学生作为样本，4个

---

①来自搜狐新闻官方网站，http://www.sohu.com/a/224616242_313745

班的学生均从一年级就接受每周一节的国学课教育或是经常参加国学活动的教育个体。

调查采用的是自编问卷，我们对校本课程开发已有理论与实践成果进行总结，基于以下三个维度对问卷内容进行编制：

第一，学生和家长对目前国学课的态度和认知情况；

第二，学生的国学素养和水平现状；

第三，学生对国学课的内容、教学方式和评价方式的期望。

在测试和征求专家意见的基础上，我们形成了正式问卷，并组织学生通过"问卷星"在学校电脑室统一作答。问卷发放和回收基本情况，见表7。

表7 《小学五年级国学课程实施现状调查问卷》发放与回收基本情况一览表①

情况	时间	地点	份数	有效问卷
发放	2017年9月7日	L小学电脑室	191份	191份
回收	2017年9月7日	L小学电脑室	191份	191份
合计	发放：191份；回收：191份；有效：191份；回收率：100%；有效回收率：100%			

由于问卷是统一填答，且指导教师在填答前与过程中做了细致讲解和过程指导，因此问卷的回收情况比较理想。

参加本次问卷调查的男生有115人，女生有76人，男生比例超过了60%。我们发现在大多数问题上，男女生表现出相对一致的观点，约1/5的问题男女生存在较明显的差异，且不同班级学生在总体情况相似的基础上也表现出个别情况的不同。我们将部分问卷分析应用于课程目标的设定，还有一部分问卷分析应用于课程设计及其他环节。

首先，问卷的第1、2题考查了学生对国学经典的背诵和喜爱程度，统计结果显示：

L小学五年级学生对于国学经典的掌握和喜爱程度存在不均衡的情况。《三字经》和《弟子规》是学生掌握较多和普遍喜爱的，而对于其他国学经典

① 李臣之．教师做科研——过程、方法与保障［M］．深圳：海天出版社，2010：105.

的掌握程度明显不足。主要是由于《三字经》和《弟子规》是过去四年多的时间里，国学课堂上“出镜”最高的两部经典，由此看来，国学课程需要做出全局性的统整，以尽可能全面地让学生接触和掌握适合小学阶段的国学经典。

此外，对于学生最了解的这两部作品，学生的背诵程度要比喜爱程度多出十余个百分点。在问卷后的访谈中，很多学生反映国学经典的背诵有时会给他们带来负担感。但也许不是背诵本身有问题，而是达成背诵的路径有问题。由此，课程的目标设定就需要指向学生的兴趣，同时培养学生对于国学经典的亲近感。

通过对“学生对于语文课和国学课上古诗文教学不同的认识”的问卷调查，我们发现有70.68%的学生认为二者的篇目有所不同，43.46%（不到一半）的学生认为两门课程讲授古诗文的方式不同，由此可见，国学课还存在“国学味”不足的情况，需要继续开发国学课程自身的价值。

图3、图4[①]中的问题主要考查国学课的课程效果。图3中的问题主要围绕知识、技能目标的达成情况，发现除认识一些古代名人之外，学生其他知识、技能目标达成情况不够理想，尤其是“背诵一些古代经典的诗词文章”和“学会思考，辨明善恶美丑”两点有待重点加强。图4中的问题则主要围绕情感、态度、价值观目标的达成情况，由此可见，国学课培养了绝大多数学生对于中华优秀传统文化的喜爱。但是除“喜欢上了中国”和“喜欢上日常生活中与国学有关的事物”的学生达到半数以上外，其他各项情感、态度、价值观目标的达成度均为半数以下，这就反映出国学课热闹背后的深层次问题，即课程实施环节与设计环节的脱节，课程目标达成度有限，课程内容的深度挖掘不足。因此，达成情况不理想的目标就成了情境国学目标设定的进一步选择。

① 由于图来源于网络，图4选项内容不够清晰。具体分别是：A. 喜欢上了中国的历史和文化；B. 喜欢上日常生活中与国学有关的事物；C. 更加理解他人，懂得感恩；D. 更加热爱生活，加强了对周围环境、人和事物的感知力；E. 和家人、朋友更好的相处；F. 体会到作为中国人的自豪；G. 学习到古人做人、做事的态度；H. 开始树立人生理想和远大志向，努力做一个对国家和社会有用的人；I. 以上都没有。

100
75
50
25
0
46.07%
77.49%
66.49%
43.98%
2.62%
背诵一些古代经典的诗词文章
认识一些古代的名人
知道一些古代发生的故事
学会思考，辨明善恶美丑
以上都没有

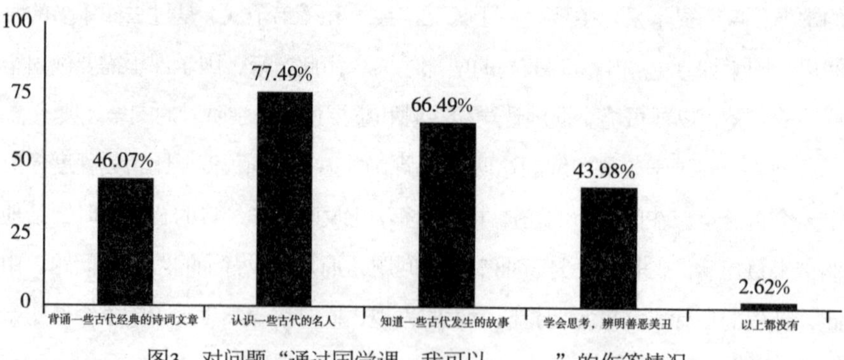

图3　对问题“通过国学课，我可以______”的作答情况

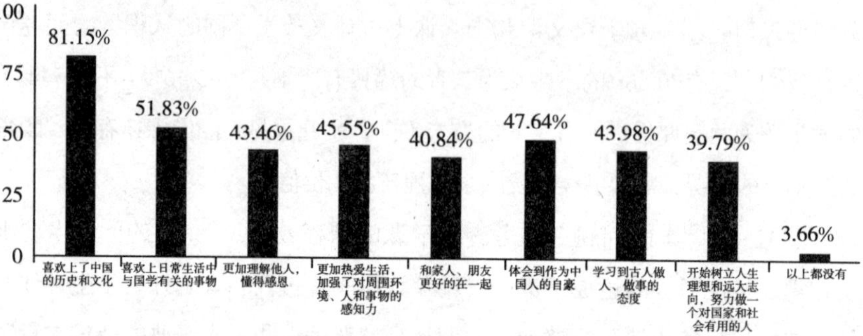

100
75
50
25
0
81.15%
51.83%
43.46%
45.55%
40.84%
47.64%
43.98%
39.79%
3.66%
喜欢上了中国的历史和文化
喜欢上日常生活中与国学有关的事物
更加理解他人，懂得感恩
更加热爱生活，加强了对周围环境、人和事物的感知力
和家人、朋友更好的在一起
体会到作为中国人的自豪
学习到古人做人、做事的态度
开始树立人生理想和远大志向，努力做一个对国家和社会有用的人
以上都没有

图4　对问题“国学课让我______”的作答情况

通过对“你的家长对国学课重视吗？”“你的家长愿意来学校和你一起上国学课或者参加国学活动吗？”的问卷调查，数据显示的情况和教师掌握的情况大体一致，大多数家长都对国学课非常重视，并且愿意来校与学生一起上国学课、参加国学活动。因此，我们可以通过亲子国学课促成“孝亲”价值观目标的形成，并通过亲子国学活动强化“家文化”意识，构筑家庭国学文化场。

通过以上调查结果分析，可以得出以下结论：

第一，学生对于国学经典的了解和掌握较为单一，主要集中在《三字经》《弟子规》和少数其他经典，我们需要做的是拓展学生对于国学的认识，帮助学生更加全面地接触国学经典文化，构筑更加丰富、立体的国学教育体系。

第二，国学课的“国学味”不足，在目标设置上要更多体现国学课的独特价值和文化体验，以烘托国学课本身的魅力和特点。

第三，相对于国学课堂的热闹，国学自身的目标价值却被忽略，很多学生没有通过国学课程生成多元的、深层的课程体验，而是较多停留在浅层流

动，因此，目标的设定要更多考虑其可行性设定，并且密切关注目标的实施和评价。

第四，家长对于国学课是非常重视的，并且有较大意愿和学生一起上国学课、参加国学活动，因此，我们可以考虑“孝亲”“立家”等课程目标的设定。

（2）课程目标的综合分析

在此前对学生总体情况及其课程需求展开研究之后，根据泰勒原理，接下来的研究将呼应当代社会生活以及学科专家的建议。除此之外，我们还将对课程资源以及家长、教师的教育期望展开综合分析，以期对情境国学课程目标有一个更全面地认识。

第一，当代社会生活分析。对于当代社会生活分析，我们主要借助学生发展核心素养框架进行判断。结合六大核心素养的十八个基本点及其重点内涵，笔者初步选择了基于核心素养的情境国学课程目标，即符合情境国学需要的核心素养内容，详见表8。

表8　基于核心素养的情境国学目标选择

核心素养		仅基于核心素养的情境国学目标选择
人文底蕴	人文积淀	重点目标：掌握一定的国学基本知识，能理解和掌握中国古典人文思想中的认识方法和实践方法等
	人文情怀	重点目标：具有以人为本的意识，尊重、维护人的尊严和价值；能关切人的生存、发展和幸福等
	审美情趣	重点目标：有能力发现美、欣赏美、感受美，具备一定的审美能力；拥有积极向上的中式审美取向和价值观。 一般目标：具有中国传统艺术知识、技能与方法的积累；可以接受文化艺术多样性的特点，具有表达传统艺术的意识和创意
科学精神	理性思维	一般目标：尊重事实，以实证的态度进行探索和求知
	批判质疑	重点目标：有进行独立分析、判断的能力，拥有缜密的思维能力，可以辩证地、多角度地分析和解决问题。 一般目标：具有问题意识
	勇于探究	重点目标：拥有好奇心和想象力， 一般目标：不惧挑战，有坚持到底、勇于开拓和积极进取的精神

续表

核心素养		仅基于核心素养的情境国学目标选择
学会学习	乐学善学	重点目标：具有积极向上的学习态度。 一般目标：可以正确理解学习的意义和目的；养成良好的学习习惯，找到有效的自我学习途径；将学习视为终身发展的目标
	勤于反思	一般目标：能分析自己的学习状态和进程，了解自己的学习习惯，适时总结学习成果和经验；可以依照实际情况和自身状况，调整学习方式和进度
	信息意识	一般目标：可以主动积极地分析、评价、使用国学资源和教程；有能力和意识去积极主动学习并了解“互联网+国学”的新形态；拥有较强的网络安全防范意识
健康生活	珍爱生命	重点目标：通过国学经典理解生命意义和人生价值。 一般目标：了解传统的运动方法和技能，养成健康文明的行为习惯和生活方式等
	健全人格	重点目标：利用国学经典打造积极向上的心理品质和状态；有能力进行自我调节和情绪管理，面对困难有较强的抗压能力
	自我管理	重点目标：可以对自己进行准确的评价，根据实际情况为自己选择未来方向，对自己设定的目标可以持之以恒。 一般目标：能够合理利用时间，分配精力
责任担当	社会责任	重点目标：尊重他人，待人友好；孝敬师长，对他人有感恩之心；热爱社会工作，热爱志愿者工作；具有团队精神和服务意识，可以主动履行自己的职责；具有法律和规则意识；崇尚自由平等，能维护社会公平正义；热爱并尊重自然，践行绿色生活方式和可持续发展理念及行动等
	国家认同	重点目标：具有国家意识，对国家历史和国情有基本了解，能够自觉捍卫国家主权和领土完整，积极弘扬中华优秀传统文化；具有坚定的信念，为实现中华民族伟大复兴贡献自己的力量
	国际理解	重点目标：具有全球意识和开放的心态，了解人类文明进程和世界发展动态；能尊重世界多元文化的多样性和差异性，关注人类面临的全球性挑战，理解人类命运共同体的内涵与价值等。 一般目标：拥有全球意识和开放心态，对世界的多元性和差异性有足够的理解和尊重，了解人类命运共同体的内涵与价值等
实践创新	劳动意识	一般目标：尊重劳动，有积极劳动的意愿和劳动的基本能力
	问题解决	重点目标：善于在实践中发现、提出并解决问题。 一般目标：具有复杂状况下整合资源、分析问题和快速行动的能力

在六大核心素养中，笔者认为“人文底蕴”和“责任担当”两大素养与情境国学课程的契合度最高，因此，在后面的综合分析整合中也将重点倾斜这两大素养的内容。

第二，学科专家的建议。泰勒指出，学科专家在给出课程目标设定建议的时候，应考虑的是这门学科的一般教育功能，而不是该学科本身的特殊功能。[①]由此，确定课程目标的时候，我们需要向学科专家获得以下问题的答案，即这门学科对外行或一般公民有什么贡献?

20世纪20年代，清华国学院在成立之初，吴宓即申言，清华国学院不仅限于清华本身，而且要“为中国养成通才硕学”，进而“以定国是”，最终“对于解决全世界之谜乱纷争”有所贡献。[②]

综上所述，清华国学院其时所定位的国学价值体现在三个层次，归纳来看，即“修身”“治国”“平天下”[③]。章太炎曾经提出，国学“可以培育爱国情怀……可以塑造国民道德。”[④]这一说法呼应的是“修身”“治国”两个层次；梁启超认为国文教育可以使学生“由知识而修养，由为学而为人”。[⑤]这里面强调的主要是为学、修身的作用。黄济对中小学国学教育的方向问题提出了几点建议：一是进行爱国主义和民族自豪感的教育；二是树立学生修己安人的社会责任感；三是推行道德教育，提高学生公民素质，加强自身的道德修养；四是加强“和为贵”的教育，提高学生对和平外交政策的认知。[⑥]这里增加了一个“安人”的层次。

由此可见，近百年过去，学者、教育专家们对于国学教育价值定位的观点

---

① 拉尔夫·泰勒.课程与教学的基本原理［M］. 北京：人民教育出版社，1994：13.

② 罗志田. 一次宁静的革命:清华国学院的独特追求［J］. 清华大学学报（哲学社会科学版），2011，26（2）：5-13，158.

③ 此“平天下”即解决世界纷争.

④ 吕丹妮，周掌胜. 章太炎国学观在当代的教育意义［J］. 教育文化论坛，2016，8（4）：6-9.

⑤ 颜禾. 梁启超与国文教育［J］. 海峡教育研究，2016（2）：48-55.

⑥ 黄济. 在中小学如何开展国学教育［J］. 课程·教材·教法，2015，35（2）：3-16.

是基本一致的，即强调其“为学”“修身”“安人”“治国”“平天下”的取向，尤其“修身”是其他一切取向的基础，是国学教育的一个重要指向。

2013年6月，教育部成立了文件起草组，就如何完善中华优秀传统文化教育进行了深入调研，结合众多专家和部门意见，于2014年3月印发了《完善中华优秀传统文化教育指导纲要》。[①]《完善中华优秀传统文化教育指导纲要》虽然围绕中华优秀传统文化教育展开，但是其中有很多内容指向了作为中华优秀传统文化教育核心的国学教育，如引导中小学生了解中华五千年历史积淀的优秀传统文化、培育青少年的文化自信心与民族自豪感；让中小学生了解中国历史发展脉络，认清中国选择社会主义发展道路的历史必然性，落实立德树人的根本任务。结合前面提到的中国近现代国学、教育大师论及的国学价值观点，这些都将是制订课程目标的重要考量。

第三，课程资源分析。笔者将借鉴李臣教授提出的学校现状评估SWOT模式[②]，对情境国学校本课程开发所面临的校内、校外、网络资源现状展开综合性的SWOT评估，详见表9。

表9　L小学情境国学校本课程开发资源现状SWOT分析

课程维度	L小学情境国学校本课程（五年级）
优势（S）	1. 开放、分享、兴趣、体验、去权威、去中心的教育思想更有利于民主、开放、共享的课程团队的打造和研究氛围的形成
	2. 情境国学校本课程的提出与学校“贴近健康、贴近性灵、贴近生活”的办学理念相一致
	3. “求是”的校风培养了教师更加务实的教育教研风格，“认真”的教风让教师一丝不苟地对待课程设计与实施的每一个步骤，“快乐灵活”的学风让学生更容易地融入一个全新的课程生态系统
	4. 学校对包括情境国学校本课程在内的课程改革行动是大力支持的，在人力、物力、经费上给予了最大限度的保障

① 来源于中国教育部官网，http://old.moe.gov.cn//publicfiles/business/htmlfiles/moe/s271/201404/166526.html。

② 李臣之. 教师做科研——过程、方法与保障［M］. 深圳：海天出版社，2010：193.

续 表

课程维度	L小学情境国学校本课程（五年级）
优势（S）	5. 学校的国学特色由一整套文化、课程、活动组成，其中有很多鲜活的做法可以为情境国学课程所借鉴
	6. 学校的外观环境和很多教学场馆都古风古韵，颇具特色
	7. 学生对于国学课本身的兴趣比较大，且具有1～5年级国学课程和活动的积淀
	8. 学生有亲近自然的天性以及对诗意生活的美好追求
	9. 学校有区级、校级国学名师工作室各一个，区级国学名师工作室主持人为B区国学教育研究会副理事长，加之校级名师工作室的主持人均是在基层一线教师群体中国学素养较高、教学经验丰富的老教师，对于情境国学校本课程的开发给予了很多有益的指导；两个工作室各有成员若干人，加之从事国学课程教学的专任和兼任教师，是一个高效互通的人力系统
	10. 笔者作为五年级两年的国学教师，对这届学生比较了解，对本校的国学课程现状有较准确地把控，对于国学教学有自己的思考
	11. 家长对于国学课的重视度较高，且对国学相关活动的参与欲望较大
	12. 学校图书馆及班级读书走廊有较为丰富的国学类书籍可供借阅
	13. 学校有传统文化类社团若干，包括国风礼仪队、京剧社、民族舞队、围棋社、太极队等
	14. L小学的家长对于包括国学课在内的学校工作的支持力度普遍很大，因此可以作为情境国学课程人力资源的一部分
劣势（W）	1. 国学作为一门校本课程，缺乏来自市、区内专家的专业指导
	2. 学校是一所相对年轻的学校，国学文化的积淀还需要更长的时间
	3. 现行学校国学课程的评价相对缺失
	4. 学校只有一个电脑室，部分基于网络情境的国学课程开发可能会受到教学场所有限的制约
	5. 现行的课程以教室内教学为主，课程的空间受限感较强
	6. 可供情境国学课程利用的部分场所，尤其是户外场所没有多媒体设备，会影响一些辅助性电子资源的呈现
	7. 学校国学教师以兼任教师居多，且兼任教师大多数为语文老师兼班主任，工作的繁忙导致可供研究的时间有限
	8. 学生们对国学经典的掌握有限，对国学课的认识相对单一

续表

课程维度	L小学情境国学校本课程（五年级）
机会（O）	1. 2014年教育部颁发了《完善中华优秀传统文化教育指导纲要》，要求各级党委教育工作部门教育行政部门把加强对青少年中华优秀传统文化教育作为一项战略任务
	2. B区大力支持国学教育，大力开展中华优秀传统文化“进教材、进课堂、进头脑”工程
	3. B区印发《“B区社会主义核心价值观教育示范学校建设”工作方案》的政策支持，初步估计用3年左右的时间，建成一批高水平、高品位的国学教育示范学校
	4. L小学所在的B区作为老深圳的发源地，相对其他各区，有着深厚的文化积淀和较多传统元素的保留
	5. 深圳市B区有博物馆、图书馆、文化馆、美术馆、湿地公园等数量庞大的可供学生参观、查阅、体悟、感受的自然场地和人文场馆，距离学校最近的有灵芝公园
	6. 社会上优质的青少年国学教育资源越来越多，如《如果国宝会说话》和《少儿国学派》电视节目、广东国学研究院网站国学少年板块以及微信、FM大量关于青少年国学的内容创生都可以而且应该被充分利用起来
威胁（T）	1. 深圳市快节奏的生活常态、钢筋水泥般的大都市氛围使得人们很多时候来不及感悟自然的美好，来不及对人生、世界展开思考。这种状况也影响到青少年原本丰富的感知
	2. 学校附近除灵芝公园外，几乎没有大型的可供情境国学课程利用的自然场地和文化场馆
	3. 如果把课堂放到学校周边或者市、区内其他场所、场馆，安全问题是需要被缜密思考的
	4. 国学情境的设计，尤其是自然情境的运用很多时候受天气的制约

对以上资源做进一步分析，可以得出以下结论。

学校已经具备的资源：B区深厚的文化基础和历史沉淀，从国家到区对中华优秀传统文化教育、国学教育的广泛重视和政策支持，学校包括国学课程、国学活动、国学社团等在内的全方位、浸入式的国学教育体系，学校在人力、物力、经费上的大力支持，可提供丰富国学情境的学校外观和场馆建设，高效共享的教研团队，支持有力的家长队伍，勤奋好学、有一定国学基础的学生群体，丰富的来自电视、互联网、手机APP、FM上的优质国学课程资源。

学校需要利用的资源：空气、阳光、草坪、树、花、气味、颜色等所有自然界给予的馈赠，家长的人力、物力甚至课程输出的支持。

学校尚有欠缺的资源：国学课程的专家指导，国学课程设计与实施相关制度、文件、流程，更多的多媒体课程资源中心的建立，教师的整体国学素养及课程开发能力的提高，有效、丰富的评价方式和实施经验。

学校可以开发的资源：主要集中在校内的所有能调动学生多种感官和国学审美、思维的元素。

3. 课程目标的筛选与描述

在课程目标筛选这一环节，泰勒认为，筛选的原则或者标准有两个，分别是教育哲学和学习理论。[①]根据本校实际和国学课程的自身特点，笔者认为情境国学校本课程目标的筛选，还需要考量目标的国学性、校本性，于是制定了目标筛选示意图，如图5所示。

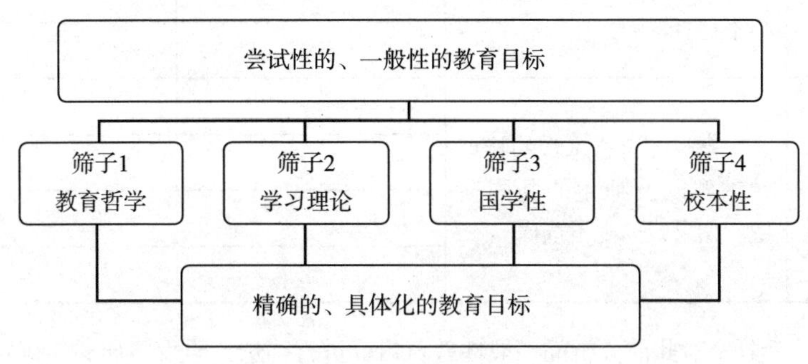

图5　L小学情境国学校本课程目标筛选示意图

其中，国学性指教育目标需要符合国学的价值取向、审美特质、认识方法和实践精神；校本性指课程目标要符合本校的特点和需要以及师生的共同期望。课程开发组成员根据筛选示意图制定了相关表格，见表10。

① 拉尔夫·泰勒．课程与教学的基本原理［M］.北京：人民教育出版社，1994：18.

表10　L小学情境国学校本课程目标筛选表

筛选人：________			
筛子	说明	落选目标	落选理由
教育哲学	目标须符合学校“走向生活”的教育哲学。远离学生生活的、难以体现目标迁移性的则不选择		
学习理论	目标须符合情境认知、具身认知理论以及课程美学要求，须符合五年级学生的身心发展特点（包括感知、注意、记忆、想象、思维、情感、意志等方面）。如果偏离则不选择		
国学性	目标须符合国学的价值取向、审美特质、认识方法和实践精神。如果偏离则不选择		
校本性	目标须符合本校的特点和需要以及师生的共同期望。如果背离则不选择		

笔者分别对此前分析的一般性教育目标进行筛选，再反复研讨，确定初步选择的目标后再进行精确的具体化描述。

在课程目标的架构上，根据布鲁姆的目标分类理论及情境国学课程的实际，采用了知识、能力、情感态度价值观三个维度（见表11）：知识目标主要强调学生对于国学基础及经典文本的理解和掌握，强调对学生想象、思维、智慧的启发和塑造；能力方面主要强调基于传统的“四维能力”培养，即认识能力、思考能力、审美能力和实践能力；情感、态度、价值观目标则是情境国学课程目标的重点，这里主要从立身、立人、立国、立天下四个维度展开。

表11 L小学情境国学校本课程目标分解

总目标	
通过营造充满“国学味”的生活情境，培养有国学情趣和审美、善用中式哲思的谦谦君子	
知识目标	1. 通过形象化的课堂内容呈现，帮助学生掌握国学常识和背诵部分经典篇目，打造国学基础
	2. 通过调动学生的多重感官，促进学生对于国学经典本身内容和富含意蕴的理解
	3. 通过情境和文本的互动体验，培养学生的好奇心和想象力
	4. 通过对经典的体悟和深度思考，启发学生的人生智慧
	5. 通过对古今中外的对比研究，架构学生更加开放的思维体系
能力目标	1. 通过与经典的对话，强化学生基于中式哲思的内在力量
	2. 通过课堂的互动体验，使学生掌握中国古典人文思想中所蕴含的认识方法和实践方法
	3. 通过课堂上的思考训练和思维引导，培养学生独立思考、判断的能力；培养学生思维的缜密性以及用中式辩证法分析问题的能力
	4. 通过开拓课程的美学空间，培养学生发现、感知、欣赏、评价美的意识和中式审美基本能力，具有健康的中式审美价值取向，能在生活中拓展和升华国学之美
情感态度价值观目标	1. 通过课堂内容的趣味性展现及情感关照，培养学生对国学以及其他传统文化的亲近感和热爱，培养其对国学的主动探究精神
	2. 通过情境的创生互动，培养学生的情境感知力以及与周围进行良性情感互动的能力，引导学生正确处理个人与他人、个人与社会、个人与自然的关系
	3. 通过与自然的互动体验，带领学生感知自然的美好，挖掘自然的人文价值
	4. 通过创生更鲜活、更跳跃、更符合青少年好奇天性的国学元素，让学生感受国学的趣味性
	5. 通过对先贤智慧的解读，解构深圳本土的价值取向，构筑学生多元的价值空间
	6. 通过国学经典，帮助学生理解生命意义和人生价值，塑造积极的心理品质，自信自爱，坚韧乐观，树立远大的人生理想

续表

总目标	
通过营造充满“国学味”的生活情境，培养有国学情趣和审美、善用中式哲思的谦谦君子	
情感态度价值观目标	7. 通过课堂的情感互动和情境体验以及与经典文本和先贤的互动，培养学生自尊自律、文明礼貌、诚信友善、宽和待人、孝亲敬长、热心公益、主动作为、敢于负责、明辨是非、维护正义的良好品质
	8. 通过对历史上爱国主义经典作品和著名人物的解读，树立学生的家国意识，帮助学生认同国民身份，自觉捍卫国家主权、尊严和利益
	9. 通过对中华优秀传统文化经典魅力的体会和感悟，增强学生的文化自信和价值观自信，培养爱国主义情感，明确其传统文化传承者和弘扬者的身份，树立其为实现中华民族伟大复兴中国梦而不懈奋斗的信念并付诸行动
	10. 通过拓展课堂的时空维度，培养学生更高远的视野和更宽广的人生格局

（二）课程内容和组织方式的生成

课程内容是课程教与学的基本素材，是达到课程目标的重要载体。本部分主要阐述笔者确立选择取向，根据课程目标对课程内容进行筛选的过程。

课程内容选择取向的确立。从根本上看，课程选择决定于特定的课程价值观和课程目标。课程选择的基本取向即课程价值观和课程目标在课程内容上的反映和体现。[①]既然课程目标的基本来源是“学科的发展”“当代社会生活的需求”“学习者的需要”，相应地，课程内容的基本取向即“学科知识”“当代社会生活经验”“学习者的经验”。那么该如何选择适合情境国学开发的内容取向？笔者将目光首先投向了情境国学的课程理念——生活情境国学，希望通过营造充满“国学味”的生活情境，培养有国学情趣和审美、善用中式哲思的谦谦学子。

如此的课程理念便确定了情境国学课程“生活化”的基本定位。于是在“学科知识”“当代社会生活经验”“学习者的经验”三者当中，笔者确定“当代社

① 张华．论课程选择的基本取向［J］．外国教育资料，1999（5）：25-31.

会生活经验”为情境国学课程的主要来源，同时考虑学科知识及学生的需要。

五、课程内容的筛选和组织方式的生成

关于课程组织方式的原则，包括泰勒[①]、奥利弗（Oliver）[②]、欧因斯坦与宏金斯（Ornstein & Hunkins）[③]等学者都提出过相关见解。综合各方观点，结合“当代社会生活经验”的内容取向，笔者主要从连续性、顺序性、统整性三个方面对情境国学校本课程进行了组织：

第一，情境国学内容中重要的、基本的、必需的、反复出现的因素是学生与时令节气的情境互动。之所以这样认为，一方面是基于学校“走向生活”的教育哲学以及情境国学课程目标中对于生活、审美、互动、体验的多重需要，另一方面来源于现实中季节自闭、审美自闭由成人至少年的恶性蔓延。“春游芳草地，夏赏绿荷池，秋饮黄花酒，冬吟白雪诗。”古人应景四季无须儒雅风流，更不必“香车美食”，但凡平民百姓皆可驻足远眺四季的更迭，品味“春之蛰动、夏之蝉鸣、秋之叶殇、冬之暖阳”，享受“春之妩媚、夏之热烈、秋之严肃、冬之洁白”。而今，如深圳这样一线大城市的喧嚣与浮躁正在逐渐淹没四季交替的脚步，城市生活何以令其心动？唯独没有尾气的阳光、不必空调的暖意、春草萌发的舒展。时令的更迭、自然的变化更是可以与国学经典碰撞出无数可能，引发学生对自然、自身、周遭、世界、天地的自然情感和深度思考。[④]由此，笔者将时令、节日、节气的呈现作为情境国学课程设置的连续性因素。

第二，虽然开发的是五年级国学课程，但顺序性仍然被作为课程设计的重要考量。五年级的国学课程并不应该作为一个孤立的个体而存在，它的内容

---

① 拉尔夫·泰勒．课程与教学的基本原理［M］．施良方，译．北京：人民教育出版社，1992：67-68.

② Oliver，P.F.，Developing the curriculum［M］，Bostrom：Allyn and Bacon，2005：503.

③ Ornstein，A.C. & Hunkins，F.P.，Curriculum：Foundations，Principles，and Issues［M］. Boston：Allyn & Bacon，1998：168-171.

④ 黄济．在中小学如何开展国学教育［J］．课程·教材·教法，2015，35（2）：3-16.

设定、评价方式以及实施和管理需要考虑到前摄经验和整体架构。黄济老先生曾经对浩如烟海的国学经典进行整理，对小学国学教育的开展、内容的选取提出了建议。他认为：中小学学习国学，应从蒙养教材学起，同时学习诗文。在诗文学习中，包括了经、史、子、集等方面的内容，以选学为主逐步加深和提高。小学阶段，主要以教学蒙养教材为主，同时兼学一些短浅的诗文。由此，经过归纳，小学阶段国学的主要内容有四，分别是《三字经》《百家姓》《千字文》以及短浅的诗词文章。这些内容以何种方式组织和呈现？我们重点考虑了学生的需求。在设计之初的学生问卷中，当被问及"你喜欢每节课的内容以哪种编排方式呈现？"这一问题时，相对于每节课专注讲一个经典的内容，更多的学生（79.26%）选择了"一节课把几个内容以主题的方式混合呈现"，学生觉得内容上的切换"很有趣"，而且一节课可以学到更多的知识。由此可见，主题式编排更符合学生求知和追求趣味的天性。基于这个判断，笔者对内容做了如下组织安排：《百家姓》作为蒙学经典中内容最浅显且段落也短小的存在，可以同《声律启蒙》一起放在一年级的课程内容中；《三字经》的五部分由浅入深、由内而外，符合小学生认知发展的规律，①因此可以每学年安排一个部分的内容；《千字文》在蒙学经典中的内容最深，即使是黄济老先生也建议"只背不讲，或多背少讲，讲只讲些对幼学者浅显易懂的"。因此，"千字"的文章分配到五年中的每个学期只有100字，相对来讲不算负担。但如果我们以时间为经线，以时令、节日、节气来编排课程内容，国学经典方面光靠蒙学支撑是远远不够的，这个基础上，诗词文章便成为情境国学课程经典呈现的"主角"。除此之外，五年级学生的认知水平已经可以支撑对经史类部分内容地理解了，因此课程中安排适量经史类内容作为诗文类的补充是有必要的。

课程内容的选择必须呼应课程目标的要求。在情境国学课程目标中，情感态度价值观目标是最重要的一个维度，这个维度主要从立身、立人、立国、立天下四个子维度展开。我们是否可以依循这四个子维度安排课程板块的内容，取决于课程内容在六个学年中的整体架构。为此，笔者查找了多个版本的传统

---

① 黄济．在中小学如何开展国学教育［J］．课程·教材·教法，2015，35（2）：3–16.

文化及国学课程，最终将目标锁定在中华书局编辑部编著的《中华文化基础教材》（第二部）。这本教材中对经典义理部分的编排使用了由近及远、从简单到复杂的组织方法，具体内容安排见表12。

表12　中华书局《中华文化基础教材》（第二部）经典义理主题学期分布表

学　期	义理主题
一年级上学期	好学、孝亲
一年级下学期	立志、笃行
二年级上学期	崇德、亲师
二年级下学期	惜时、勤俭
三年级上学期	诚信、取友
三年级下学期	主敬、明礼
四年级上学期	知耻、改过
四年级下学期	恕道、乐群
五年级上学期	忠义、家园
五年级下学期	修己、君子
六年级上学期	仁爱、天下
六年级下学期	古文经典（四书五经）

我们从这一分布中提取出五年级的义理进行整合，分别提出立家、立身、立人、立天地四个主题，作为四时（秋、冬、春、夏）板块的主题补充。

除连续性、顺序性之外，统整性也是架构情境国学课程的重要原则。我们以时间为经线、情智为纬线，将时令（包括节日、节气）、诗文、义理同中华优秀传统文化中的民俗、艺术、体育、数学等内容进行统整安排，在强调知识与学生生活实际紧密联系的前提下，强调打破学科的界限，多角度、综合地看待问题。这点也是充分考虑了学生的学习需要而提出的。在设计之初的问卷中，当被问及“你希望国学课上接触哪些内容？”时，男生、女生的作答情况统计如图6所示。

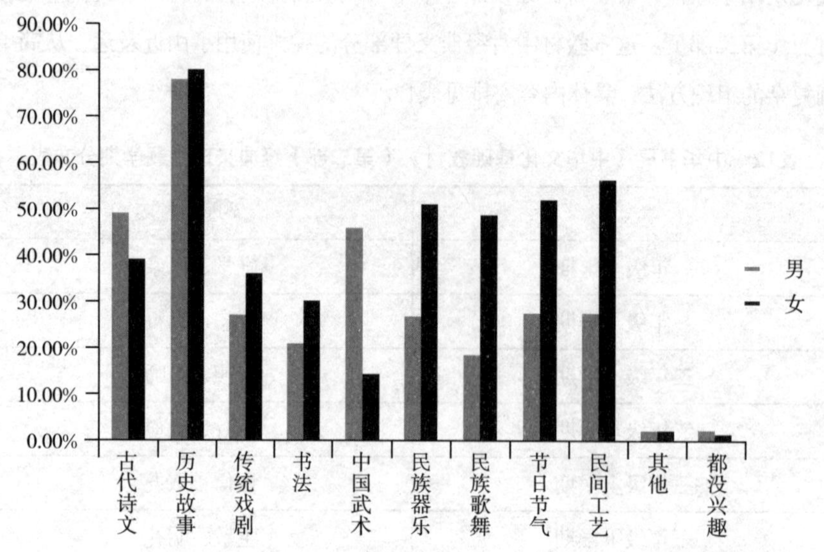

图6 对问题“你希望国学课上接触哪些内容？”的男生、女生作答情况

可以看出，除了“历史故事”没有悬念的居于学生对于国学课内容期望的榜首之外，男生对于诗文、武术的喜爱多于女生；女生对于故事、戏剧、民族器乐、节日节气、民间工艺的喜爱均超过男生。因此在内容的安排上要均衡考虑男女学生的喜好，以期保持课堂内容和形式对学生较为持续的吸引力。

在内容的选择和组织方式的生成过程中，我们充分体现了兴趣优先的原则。苏霍姆林斯基曾指出：“学习兴趣是学习活动的重要动力。”可见，学习兴趣在学生的学习过程中具有重要的作用。根据此前的学生发展需求诊断，学生对学校内的各个自然和人文的场所有较高的兴趣，且希望尝试多元化的学习方式。于是课程内容选择会将情境的建构和教学场所的选择作为一个重要考量。春天坐在草坪上闻草香、听鸟叫；夏天坐在诗囊书社（一个半开放国学空间，有座席）摇扇相对；秋天在池塘边看鱼儿戏水；冬天在国学堂焚香品茗。此外，我们还设置了每个学期五堂国学活动课，如“田园之乐”活动课时，学生可以来到学校天台的校园农场，感受和风野趣，品味诗人妙意；“走，踏春去”活动课时，可以和学生一起来到学校附近的公园，在与美景的全情投入中体味自然的生动美好、感受诗文经典中所蕴含的灵动气质。“农趣·侬趣”活动课时，学生可借用学校隔壁幼儿园的炉灶，真正体会一把被邀至田家“故人具鸡黍”的农家妙趣。这些都将吸引学生融入国学课的丰富元素中，进一步达成“无我”至“有我”境界的提升。

情境国学校本课程的内容选择强调体验与实践。从课程的学习过程来说，课程必须注重学生的实践，坚持“实践第一”“感受第一”和“体验第一”的原则，打造个体独一无二的课堂创生。除情境互动外，在具身认知理论的指引下，我们还将通过行吟、舞蹈、书法、武术等多种方式创设情境、认知、身体的互动生态体系，帮助学生用多维感官切身触摸经典、感知情境、创生课堂生态。例如，行吟，即踏歌，是适合绝大多数诗文教学的艺术表现方式。其中的诗文唱词和旋律已不需要课程团队另行开发。以《经典咏流传》为代表的众多电视、网络、FM节目均有大量的、丰富的、旋律优美且符合学生审美认知的诗文旋律，如《二十四节气歌–盛龙国学儿歌》《“常青藤爸爸”国学儿歌》《婷婷诗教》等，这些资源不仅可以上课使用，而且可以作为课间、午间音乐，既受学生欢迎，又因其朗朗上口的特性迅速被学生记忆和传唱。

在课程设计之初的学生总体情况统计分析中，我们得到了五年级家长的户籍构成：宝安户籍的家长有66人，占总人数的11%；非宝安户籍的有536人，占总人数的89%，其中绝大多数为非深圳户籍。这说明L小学五年级大多数家庭与深圳这个城市的黏合度相对较差，对本土文化的了解相对不深。因此，我们在坚持课程内容的连续性、顺序性、统整性的前提下，强调情境国学课程内容的本土化，即课程内容的选择要充分考虑深圳、宝安传统文化特色，结合洪佛拳、醒狮、文姓后代等本土文化元素，丰富国学课程，增强学生及其家庭与宝安、深圳本土的文化黏合度。

在课程内容选择的过程中，笔者还就国学课程要不要学习古诗文与其他教师展开讨论。有的教师认为，语文课本尤其是新版语文课本中已经有相当比例的古诗文了，国学课如果再加入古诗文内容，会导致重复和课程资源的浪费；而有的教师则认为可以加入古诗文内容，因为不同学科对于同一内容的呈现方式是不同的。通过参照学生发展需求诊断的结果，我们发现大部分学生都认为国学课和语文课的古诗文在内容和呈现方式上有较大的不同，且国学课在“趣味性”上有着天然的优势。最终，笔者决定不仅要加入古诗文内容，并侧重于诗文的工具价值，以加强学生对情境的全情投入和审美能力的提升，以及学生对生活的理解和热爱。最终达成共识：小学国学课程中的古诗文教学与语文课的古诗文教学是可以相辅相成的，并且在后续的研究中，我们可以共同商讨诗文的详略、方向，以便在水平组织方面做出更多的整合，促进教育资源的有效利用。

经过反复研讨、比对，笔者最终设计出了L小学课程学习领域与单元，并为每学期设置了两个单元的内容，一年四个单元，呼应四个季节：秋、冬、春、夏，并从美学和义理两个角度开发了四个单元的不同内容，即秋·思（立家）、冬·韵（立身）、春·情（立人）、夏·趣（立天地），给每节课以一个与其主题相符的诗文选段。事实上，每节课都是一个意涵丰富的、立体的生态体系：

L小学五年级情境国学课程学习领域

第一学期

单元一：秋·思（立家）	单元二：冬·韵（立身）
1. 白露：洛阳城里见秋风	1. 立冬：何处梅花一绽香
2. 活动课一：又见池塘	2. 小雪：小雪晴沙不作泥
3. 秋分：孤云独去闲	3. 活动课三：冬日信笺
4. 中秋：但愿人长久	4. 大雪：夜深知雪重
5. 寒露：湖光秋月两相和	5. 活动课四：飞花令落谁家
6. 重阳：每逢佳节倍思亲	6. 冬至：冬至阳生春又来
7. 霜降：萧萧梧叶送寒声	7. 活动课五：茶·香
8. 活动课二：田园之乐	8. 小寒：一岁一枯荣
9. 寒衣：青烟升浩渺	9. 大寒：风一更，雪一更

第二学期

单元一：春·情（立人）	单元二：夏·趣（立天地）
1. 春节：万里相思一夜中	1. 立夏：淡妆浓抹总相宜
2. 惊蛰：春风又绿江南岸	2.小满：麦穗初齐稚子娇
3. 活动课一：一个春天和一树桃花	3. 活动课四：农趣·侬趣（上）
4. 春分：不是遮头是使风	4. 活动课五：农趣·侬趣（下）
5. 寒食：寒食东风御柳斜	5. 芒种：归来饱饭黄昏后

6. 活动课二：走，踏春去（上）
7. 活动课三：走，踏春去（下）
8. 清明：斜风细雨不须归
9. 谷雨：子规声里雨如烟

6. 端午：只留离骚在世间
7. 夏至：只缘身在此山中
8. 小暑：也傍桑阴学种瓜
9. 大暑：溪头卧剥莲蓬

六、课程评价方式的生成

对情境国学校本课程的评价分为对学生的评价和对课程的评价两部分。其中，对课程的评价将从设计方案（实施前）、实施过程（实施中）、实施效果（实施后）三个方面分别论述。

（一）对学生的评价

对学生的评价设计主要基于加德纳的多元智能理论以及学生的需求和兴趣。加德纳提出：评估应该成为自然的学习环境中的一部分，而不是在一年学习时间的剩余部分中强制“外加”的内容。评估应在个体参与学习的情境中“轻松”地学习。[①]而在设计之初的问卷中，当被问及“国学课曾经采用过哪些评价方式？”以及“你希望国学课采用哪些评价方式？”时，学生表示，过去的课程评价更多的是以“教师评价”“口头评价”为主，而学生比较希望的方式是“档案袋评价”“国学游戏通关”评价，这就为评价方式的确立提供了一定依据。

综合以上两点，笔者决定使用档案袋评价和表现性评价两种方式作为对学生的主要评价方式。

档案袋评价将作为学生在学习过程中的成长记录和成就体现，我们将通过这些内容判断学生情境国学课的收获和体会，以便查找不足，继续改进；表现性评价可分为实施中评价和实施后评价两种：实施中评价主要是通过学生的课上任务和课下作业了解学生对课程目标的完成情况，给予关于学生最直接、快速的反馈；实施后评价将通过学期末的统一测评来进行，将集合教师、家长

---

① 霍华德·加德纳．多元智能新视野［M］．沈致隆，译．北京：新华出版社，1999.

带领学生通过展示、表演、比赛、游戏等方式集中考查学生一个学期的所学所成，在轻松“玩耍”中参与评价过程，展现评价结果。

除此之外，还可以通过教师的观察和家长、学生的反馈对学生展开综合评价，在多元评价中发现学生需求，改进课堂体验，促进学生成长。

（二）对课程的评价

1. 对设计方案的评价

这一环节将对设计方案所陈述的课程目标、课程组织、课程实施策略、课程资源与条件、成绩评价方法等方面的信息做出分析和判断，提出相应的修正和改进意见，这里借鉴了林一钢制定的《课程纲要实施前评价表》①，见表13。

表13　课程纲要实施前评价表

评价内容标准指标体系					得分
等第	A（1）	B（0.8）	C（0.6）	D（0.4）	
课程目标（30%）					
课程组织（30%）					
课程实施策略（10%）					
课程资源与条件（20%）					
成绩评价方法（10%）					

就具体每一个评价项目而言，笔者将从以下几个方面进行划定。

（1）课程目标

① 学生和教师是否理解学校哲学、课程理念、课程目标之间的关系。

② 课程目标是否与学校哲学、课程理念保持一致。

③ 课程目标是否阐述清楚，制订课程目标的价值观念是否得到理解，课程目标是否全面、科学、均衡和现实。

④ 课程目标是否真正值得实现。

（2）课程组织

① 是否选择了合理的课程组织方案。

① 林一钢．校本课程方案评价研究［D］．上海：华东师范大学，2003.

② 是否选择了有价值的课程内容。

③ 课程内容是否符合已经确定的课程目标。

④ 课程内容的排列顺序是否建立在心理学、教育学等学科基础之上，是否符合青少年身心发展的特点。

（3）课程实施策略

① 是否向学生、学生家长和有关教师充分介绍了课程计划实施的要求与步骤。

② 是否有利于提高和培养学生学习的自主性、创造性。

③ 是否注意到了学生的个别差异。

④ 是否有一定的灵活性。

（4）课程资源与条件

① 课程纲要实施所需要的课程资源学校是否具备，如果不具备是否有解决的办法和措施。

② 课程实施的成本是否太高，如果过高拟用什么办法解决。

③ 课程成本与课程效益之间的关系是否平衡。

④ 是否合理有效地使用了学校、社区已经具备了的课程资源。

（5）成绩评价方法

① 是否从学生的知识、情感、态度、价值观和学习过程等方面对学生的学业成绩进行评价。

② 评价的方法是否合理。

③ 评价收集信息的渠道是否畅通。

④ 评价是否成为课程教学的一个部分。

⑤ 评价能否真实反映学生的学习成绩，并能够为进一步提升课程纲要提供有效的信息。

2. 对实施过程的评价

这一环节将对课程实施效果及学生课程目标的达成情况展开综合评价。对课程的评价可以由学校国学工作室、学生以及教师的自我反思展开，教师将对课程实施中的问题进行判断并修正。

（1）学校国学工作室的评价

学校国学工作室可从教学实施前的准备和教学实施的观察与反思两个方面展开具体评价，详见表14①。

表14　L小学国学工作室校本课程实施评价检核表

项目	评价指标	评价得分			
		符合	多数符合	不太符合	不符合
教学实施前的准备	1. 教师明确了解课程目标与内涵				
	2. 教师团队能协同合作，为课程实施做准备				
	3. 课程实施前能共同讨论确定教学重点				
	4. 事先规划教学资源与情境设置				
	5. 事先联系协调行政支持				
	6. 寻求社区人士及家长的支持与参与				
教学实施的观察与反思	1. 教学实施依据原先课程设计的目标与架构来进行				
	2. 教学方法能达成预先设计的教学目标				
	3. 教学资源能配合课程设计				
	4. 教学活动能引起学生好奇与兴趣，能积极主动参与				
	5. 教学过程中，学生合作学习的情形良好				
	6. 教学过程中，师生互动良好，且能整理生活经验并加以运用				
	7. 学习过程中，学生能应用知识及技能解决问题				

① 李臣之．教师做科研——过程、方法与保障［M］．深圳：海天出版社，2010：208.

续表

项目	评价指标	评价得分			
		符合	多数符合	不太符合	不符合
教学实施的观察与反思	8. 学生学习过程中，教师对学生的学习表现，如作业表现、行为表现、问题解决策略、同伴互动等进行完善的记录				
	9. 评价方式具体可行				
	10. 教学过程中，适时和教师团队讨论与分享				

（2）学生的评价

学生是课程计划实施的直接感知者，因此，学生对实施中课程计划的评价信息是最有价值的。在课程实施过程中，可以通过座谈会、访谈的形式向学生了解信息。具体设计问题如下：

① 你了解国学课的内容吗？

② 你喜欢国学课的内容吗？

③ 教师是否设计了多样、有趣的活动让你们学习？

④ 进行国学课程学习时，你是否能和同学合作学习？如果有，是怎样展开的呢？

⑤ 进行国学课程学习时，你是否比以前更积极主动地学习？

⑥ 进行国学课程学习时，班上的学习气氛怎么样？跟以前相比呢？

⑦ 教师设计的评价方式对你来讲难度如何？

⑧ 你希望教师以后再上这种课吗？

⑨ 国学课上让你印象最深刻的活动是哪种？

⑩ 你在国学课上有什么收获呢？

⑪ 你对国学课的实施和教师有什么建议吗？

学生评价实施中需要注意两点：一是将过去的国学课和新情境国学课区分开，保证获得的是学生对情境国学课程的评价；二是对学生反馈的信息及时调

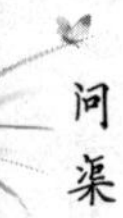

整并跟进，以便在阶段性研究结束前能够让课程的设计与实施有所改进。

（3）教师自我反思性评价

教师如何进行反思？要针对哪些方面进行反思？我们认为可以采取的维度有：课程目标的达成情况、课程内容的设置情况、课程资源的使用情况、课程环节的实施情况、学生对课程的反馈情况、课程的亮点与不足等。

3. 对实施效果的评价

情境国学课程实施一个学期之后，首先需要对课程实施效果进行总体评价，具体维度详见表15：

表15 L小学国学工作室校本课程实施评价检核表①

项目	评价指标	评价得分			
		符合	多数符合	不太符合	不符合
学生学习成效	1. 课程实施之后，能达到课程的预期目标				
	2. 对学生在认知、情意及技能方面产生良好影响				
	3. 提升学生学习意愿与态度				
	4. 提升学生整体学习表现				
教师专业成长	1. 经过课程整合的设计与实施，养成教师协作教学的风气				
	2. 激发教师再学习及专业发展的意愿				
	3. 增进教师发展校本课程的自信心和课程意识				
	4. 提升教师的自我评价能力				

① 李臣之. 教师做科研——过程、方法与保障［M］. 深圳：海天出版社，2010：209.

续表

项目	评价指标	评价得分			
		符合	多数符合	不太符合	不符合
满意程度	1. 学生对课程方案的满意程度高				
	2. 教师的满意程度高				
	3. 家长的满意程度高				
	4. 教师对学校行政支援的满意程度高				
负担情况	1. 教师的负担适中				
	2. 学生的负担适中				
	3. 家长的负担适中				
	4. 行政的负担适中				

该评价需要综合学校国学工作室其他成员、学生、家长的判断，在此基础上，通过教师的反思总结以及学生、家长的反馈进一步充实对课程效果的评价，以便对课程的后续研究提供更全面的建议。